最高の職場をつくる働くルール

坂上和芳
人事労務コンサルタント・社会保険労務士
Kazuyoshi Sakaue

ぱる出版

まえがき

「働き方改革」を掛け声だけで終わらせないためには、ルールを変えて、働きやすい環境をつくることが必要

残念な職場――。

〝わが社も働き方改革〟をスローガンに、上層部から「残業を減らせ！」の指令が豪雨のように職場に降り注ぐ。

仕事の量もスタッフの顔ぶれも何も変わってないのに残業を減らす？

そんなことをしたら、会社でできないから自宅に持ち帰る仕事が増えるし、「早く帰れ」という上司の労働時間は逆にどんどん長くなっていく。表向き残業は減ったように見えるけれど、生産性は全然向上しないし、人はどんどん辞めていく……。

残念な職場――。

パワハラが横行し、メンタルに不調を来す社員がいる。少しきつく部下を注意しただけで「それはパワハラです！」と言われるのを恐れて思うように指導ができない。結果、職場のモラールは低下し、まじめに働く社員までが離職していく……。

「長時間労働はヤバイ」

電通事件が社会的に大きなインパクトを与え、政府は長時間労働の是正を柱とする「働き方改革」をひたすら推進し、世間ではいま、「残業削減」「ワーク・ライフ・バランス」の機運が一層高まっています。

「でも、一体何をすればいいのだろう……」

具体的にどうやって業務を改善し、生産性を向上させるかについての議論もされずに「残業削減！」の大号令だけがかかっても、そんなに簡単に残業は減りません。

働き方のルールを変えて、職場のしくみを変えないと、社員が働きやすい職場環境には改善できません。人は定着しません。

一方では、社会的にワーク・ライフ・バランスが叫ばれる中、個人に合わせた自由な働き方を推進する企業も増えてきました。出退勤の時間や有給休暇を取るタイミングも自由に決められる、週休3日、副業OK、自宅で仕事ができるテレワーク。なんだかとってもハッピーな働き方をしている人がたくさんいるようですが……。

しかし、そこに「ルール」や「しくみ」がなければ本当の残業削減もワーク・ライフ・バランスも実現できません。

制度だけつくっても働き方は変えられません。業務改革と社員の意識改革を促し、生産性の向上につながるルールやしくみをつくる必要があります。

効率的に残業を削減するためのルール、社員が自律的な働き方ができるようなルール、「休み方」のルールなど、それぞれの職場で、地道に進められる働き方のルールづくりについて、できるだけわかりやすく解説します。

長時間労働が当たり前だった時代には、もう戻れません。

2017年7月

坂上　和芳

最高の職場をつくる働くルール●もくじ

まえがき　3

第1章
本当に必要な「働き方改革」とは

1　働き方を変えなければ「残業は絶対減らせない！」　16
2　過労死ラインを超えて長時間働く人のいる企業は全体の2割超もいる！　18
3　〝悪習〟を変えて、職場のルールをつくろう　22
4　「管理職の労働時間を削減する」意識改革が必要　24
5　「時間は有限だ」という意識改革が必要　25

コーヒーブレイク！★休憩時間のルール①　30

第2章 残業削減、時短のルールづくりのツボ

1 労働時間の実態把握が残業削減への近道 32
2 タイムカードの打刻時間＝労働時間か？ 36
3 管理職の労働時間の実態を把握しよう 38
4 そもそも残業を命じることができる法的要件は 41
5 残業は「命令があっておこなうもの」を意識づける 42
6 時間外勤務申請書で社員個々の働き方までわかる 48
7 残業時間に〝上限〟を設定して指示を出す 50
8 「脱サービス残業」の視点で働き方を変える 52
9 「固定残業代」は長時間労働の元凶 54
10 「勝手に早出する社員」が職場の風紀を乱している!? 58
11 仕事革命!! 最高の職場をつくる〝ノー残業・時短対策〟に注目!【最前線リアル実践編】 60
コーヒーブレイク!★休憩時間のルール② 66

第3章 時間や場所にとらわれない働き方のルール

1 働く長さを変えずに始業・終業時刻を変える働き方 68
2 ワーク・ライフ・バランスが実現できる自由度の高い働き方 72
■フレックスタイム制のルール①
3 フレックスタイム制なら残業代はいらない？ 78
■フレックスタイム制のルール②
4 勤務する日も自由、遅刻や欠勤もない!? 間違いだらけのフレックスタイム制入門 81
■フレックスタイム制のルール③
5 特定の専門職が時間にとらわれずに働けるしくみ 84
■裁量労働制のルール
6 「週休3日で週40時間働く」しくみ 90
■変形労働時間制のルール

コラム★副業解禁！　でもそんなに簡単な話ではありません…… 94
7 「会社に行かない」という新しい働き方 96
■テレワークのルール
8 テレワーク導入のルールづくりのキモ 100
■事業場外労働のみなし労働時間制のルール
9 多様な人材確保の切り札になり得る？ 108
■短時間正社員制度のルールづくり
コーヒーブレイク！★休憩時間のルール③ 112

第4章 「休み方改革」のルールづくりのツボ

1 「休み方」を改革して最高の職場をつくろう 114
2 今さら誰にも聞けない「休日」の決まり① 116
■休日は「1週間に1日」与えれば適法
3 今さら誰にも聞けない「休日」の決まり② 118

4 ■「休日」と「休暇」の違いを知っておこう 120
「振休」と「代休」をごちゃごちゃにしていませんか 120
■「休み方」のルールづくり①
5 代休は「必ず取る」ためにルール化しよう 124
■「休み方」のルールづくり②
6 休めなかったときの「休日の買い上げ」 128
■「休み方」のルールづくり③
7 今さら誰にも聞けない「有給休暇」の決まり 130
8 消化できなかった有給休暇の買い上げルール 132
■「休み方」のルールづくり④
9 「辞める時の大量消化」をどう阻止するか 136
■「休み方」のルールづくり⑤
10 会社が休暇日を指定できる「計画的付与」 140
■「休み方」のルールづくり⑥
11 「子供の用事で2時間だけ」が便利な時間単位年休 144

■「休み方」のルールづくり⑦
12 有給休暇を安易な遅刻や欠勤に使わせないルール 146
■「休み方」のルールづくり⑧
コーヒーブレイク★就業規則の基礎のキソ 148

第5章 「パワハラ撲滅宣言職場」のルールづくり

1 こんな残念な職場にパワハラははびこる 150
2 パワハラを放置していると社会的責任が問われる 154
3 どこまでが「指導」で、どこからが「パワハラ」なのか？ 158
4 パワハラ防止には定期的な管理職研修など「予防」が大切 162
5 職場のパワハラ防止の〝相談窓口〟を機能させるポイント 166
6 社員アンケートは「見える化」してこそ効果がある 168
7 きめ細かい面談によるサポートが、職場満足度を高める 170

働きやすい職場にするにはルールをつくろう！

働くのがとっても辛いニッポンの職場

・長時間労働で疲弊する職場
・パワハラが横行する職場
・非正規労働者だらけの職場

⬅

「働き方改革」の推進！

・残業削減！
・週休３日！
・有給休暇の取得促進！

⬅

働き方を変えないまま労働時間の削減を進めると

・管理職の長時間労働が増える！
・サービス残業が増える！
・持ち帰り残業が増える！
・下請け企業にしわ寄せがいく！

残念な上司

これ明日までに
やっといて
じゃ、先に帰るね

はっきり断れない部下

えーっ、何考えてるの、
もう５時だよ、
帰れないじゃん……

会社も社員も意識と働き方を変えよう！

・長く働くことが評価されるのはおかしい！
・管理職の意識を早く〝昭和〟から脱却させよう！
・社員の自立した働き方へ！

働きやすい職場のルールをつくろう！

・身の丈に合った残業削減のルール
・思い切ってフレキシブルな働き方へ！
・会社も社員も喜ぶ「休み方」のルール
・パワハラ撲滅宣言！

最高の職場に変えて
はたらいて、笑おう！

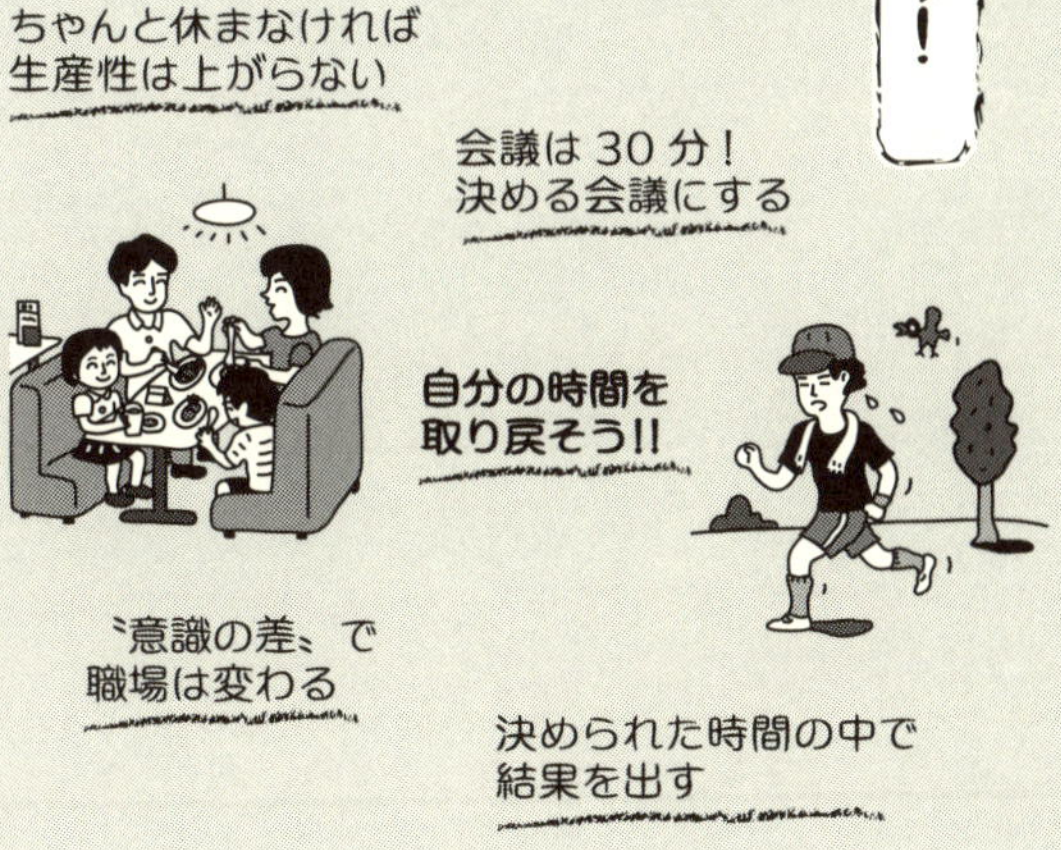
ちゃんと休まなければ
生産性は上がらない
会議は30分！
決める会議にする
自分の時間を
取り戻そう!!
〝意識の差〟で
職場は変わる
決められた時間の中で
結果を出す

第1章

本当に必要な「働き方改革」とは

1　働き方を変えなければ「残業は絶対減らせない！」

「ノー残業、楽勝！　予算達成しなくていいならね」
「労働時間削減、結局現場にムチャぶりですか？」
「さようなら深夜残業。こんにちは早朝出勤。（苦笑）」

ソフトウェア開発会社サイボウズの広告が最近ネット上で話題になりました。仕事の量も業務内容もスタッフも変わっていないのに残業削減を強いられて苦慮する若いビジネスパーソンに共感を得たようです。

サイボウズの広告は、ルールで規制するだけでなく、ＩＴツールを使った新しい働き方の提案――なのですが、働き方改革の波にのまれて戸惑う現場の声をうまく代弁しています。

ノー残業デーの徹底、オフィスの20時消灯、終業時刻にチャイムを鳴らして帰宅を促す、PCアラートで警告する……などなど、いま、多くの企業で長時間労働を改善しようと、残業規制を強めて職場から社員を追い出すことに必死になっています。

しかし、これまでと同じ業務内容とスタッフ、マネジメント体制なのに残業時間だけを規制したところで残業はなくなりません。

表向きは残業削減を達成しているように見えても、業務時間内に仕事が終わらずにサービス残業や持ち帰り残業が増える、管理職の労働時間が増える、仕事量は変わらずに残業代だけが減る体のいい賃金カットに終わってしまいます。

●残業の事前許可制の導入など、やる気になればすぐにできることを実行する

●フレックスタイム制度の導入やITツールを活用した業務の効率化など、制度やツールを活用して働きやすい環境づくりと生産性を向上させる

●研修で管理職や従業員の意識改革を促す

労働生産性が上昇することで、結果的に労働時間が減るというサイクルをつくらなければ本当の働き方改革は達成できません。

働き方改革は、「業務改革」であり、「意識改革」なのです。

2 過労死ラインを超えて長時間働く人のいる企業は全体の2割超もいる！

「残業削減」「週休3日制の導入」「AI（人工知能）の普及」など、マスコミで断片的に報道されている「働き方改革」について、要旨をおさらいしておきましょう。

「一億総活躍社会の実現に向けた最大のチャレンジであり、日本の企業や暮らし方の文化を変えるもの……」と政府は言ってますが、改革の中心は何といっても長時間労働の是正です。

今年3月28日に閣議決定された「働き方改革実行計画」では、**①罰則付き時間外労働時間の上限規制の導入、②同一労働同一賃金など非正規労働者の処遇改善**が大きな柱となっています。特に罰則付き時間外労働の上限規制については、「36（サブロク）協定」の見直しが盛り込まれました。

会社が従業員に残業をさせるためには、労働基準法36条1項に基づく「36協定」（時間外・休日労働に関する協定）を労使で締結し、管轄の労働基準監督署[※1]（以下、労基

※1　**労働基準監督署**……解雇や賃金不払いなどの労働問題の相談に応じるとともに、事業所に監督・指導をおこなう。36協定届や就業規則など各種届け出の受理もおこなう。

署）に届け出ることが義務付けられています。届け出をしないで残業をさせていると違法残業として労基署から指導・勧告を受けてしまいます。

あなたの会社は大丈夫ですか？　届け出をしていない、「サブロク協定ってなに？」という会社、いまだにけっこうありますよ。

で、この36協定には時間外労働の限度基準というものがあり、月45時間、年間360時間の規制があります。「残業は月に45時間まで」という上限が設けられているわけですが、これはあくまで原則であって、繁忙期など特別な事情がある場合は特別条項を一緒に締結すれば、原則の時間を超えて残業をさせることができます。

「特別条項」を使えるのは年間6回までと回数の上限はありますが、上限時間は特に定められていないため、事実上、無制限に労働時間を延長することができます。

ちなみに、特別条項付き36協定を締結しているのは、協定を届け出ている会社の約4割もあります（平成25年度労働時間等総合実態調査結果）。

長時間労働を助長する一因とも言われている特別条項を規制し、時間外労働時間を年間720時間（月平均60時間）、例外的に単月で100時間未満と改訂されます。

つまり、今まで特別条項を結べば青天井だった残業時間数を、最大でも月100時間未満という上限を設けるという点が改正の要旨です。

一部報道では「月１００時間まで働かせてＯＫ」と、原則を飛び越えて上限の数字ばかりが注目されましたが、今後は、今まで以上に原則に近づける働き方改革が求められるものと思われます。

「過労死等防止対策白書」（厚労省）によると、「**過労死ライン**」と呼ばれている月平均時間外労働80時間以上働いている正社員がいる企業の割合は、全体で22・７％にも達しています。

効率の悪い長時間労働には、職場や企業の特性に応じて様々なパターンがあるため、政府が法規制などで一律に規制できるものではありません。例えば、医師や看護師不足に苦慮する地域や病院では、「労働時間の削減」と「医療の質」との両立という切実な問題を抱えています。しかし、働きやすい勤務環境に改善しなければ「職員が定着しない」「人が集まらない」のも事実です。

企業や労働者による地道な働き方改革がますます重要になってきます。上限規制の強化をきっかけに、短い時間で仕事が終わるように仕事の量や進め方、裁量や人材マネジメント、そして組織風土そのものを見直す作業が必要です。

時間外労働の「上限規制」
～「働き方改革実行計画」の方向性～

【原則】

週40時間を超える時間外労働時間の限度を、**月45時間**、かつ、**年360時間**とし、違反には特例を除いて罰則を科す。

【特例】

臨時的な特別な事情がある場合の時間外労働時間の上限を、**年720時間**（＝月平均60時間）とする。ただし、年720時間の範囲内で、一時的に業務量が増加する場合についてのみ、下記の上限を設ける。

①２ヶ月～６ヶ月平均で、いずれの月も、休日労働を含めて、**月80時間**以内
②単月で、休日労働を含めて、月100時間未満
③特例の適用は、年６回を上限とする

↓

チェック！ **【上限規制の例外業種・職種】**

以下の業種・職種は改正法の施行期日の５年後をめどに規制を適用する。

①建設業
②自動車運送業（ドライバー）
③医師

3 〝悪習〟を変えて、職場のルールをつくろう

長く働くことを評価する風潮をなくさなければ残業はなくなりません。職場に根付く〝悪習〟を変えて、新しいルールをつくる必要があります。

例えば、新人なのに毎月残業が40時間、休日出勤をしても代休さえ取れない残業体質の会社では、「新人はそんなものだ」と上司に言われます。

例えば、忙しい病院で働く新人看護師が時間外勤務の申請を出そうとすると、「1年目なのに申請するの？」と先輩から嫌味を言われて結局サービス残業に。

改革を声高に叫ぶ前に、職場の労働時間の状況、勤務環境の把握と見直しがまず必要です。そこに〝悪習〟があれば即刻改善しなければいけません。

日本は長時間働くほうが「えらい」という風潮が続きました。長く働くことを評価する〝昭和な職場〟はまだまだあるように思います。しかし、長く働くことで収益を上

げるしくみは、人件費の安い国にはまず勝てないでしょう。

長時間労働の是正や残業削減は、人事・評価制度の見直しと併せて実施しなければ効果が上がりません。**非効率的に長く働く人の報酬が増えるのではなく、決まった勤務時間内で成果を出す人の評価が上がり、報酬が上がるしくみに変えれば、上司も部下も業務の効率化を工夫します。**長時間労働の改善の後押しとなってきます。

働き方改革に取り組む企業の中には、人事評価を見直す企業が増えています。時間に関係なく目標達成度だけで評価していたものを、業務時間内で成果をあげたかを評価するしくみを加える。あるいは、管理職の人事評価項目に、部下の働き方や休み方のマネジメント項目を追加するケースもあります。

こうした生産性の向上につながる人事評価制度や賃金制度を整備することも、働きやすい職場環境づくりに欠かせません。

人材が集まる会社は、1週間や1ヶ月の短期間で何かに取り組んで人材が集まるしくみをつくったわけではありません。何年もかけてしくみをつくり、口コミなどによって徐々に知名度を上げていきました。

ルールやしくみを変えなければ、残念な職場は残念なまま何も変わりません。

4 「管理職の労働時間を削減する」意識改革が必要

管理職は残業手当が出ません。定時で退社するという概念がありません。残業代が出ないから労働時間を管理するという意識に乏しい管理職も中にはいます。部下の労働時間の削減を考える前に、まず、管理職自らが「自分の労働時間を削減する」ことを意識しなければ残業問題は解決しません。

管理職は、部署の労働時間をマネジメントする責務があります。残業の原因を分析し、解決策を導き出して、スタッフ全員に実行させなくてはなりません。会社からの圧力で部下の労働時間を強引に削減したはいいが、削減した時間分を管理職自身の労働時間で穴埋めするようなやり方では管理職自身が疲弊していくばかりです。

健康管理上の問題もあります。管理職の労働時間の実態を把握することはもちろんですが、管理職自身が自分の労働時間削減に目を向けられるように組織として取り組む必要があります。

5 「時間は有限だ」という意識改革が必要

「半年前、長時間労働の問題で会社が労基署から指導を受けた。自分の所属する部署も残業が減らされて、収入が大幅に減って生活ができない。専業主婦だった妻も働き始めた……」

以前、工場で働く40代の男性からこんな相談を受けたことがありますが、この会社の働き方改革を後押ししたものは皮肉にも労基署の是正勧告……。

これはよくあるパターンですが、この会社の長時間労働のいちばんの原因は圧倒的な人手不足。人員的に業務の許容範囲を超えていたため、請負業務の一部を親会社に返上して人手不足に対応したようです。それから作業環境の改善や休日制度などさまざまな業務改善に取り組みました。

いま、企業が残業削減を進める一方で、長時間の残業をしてでも働きたいという人も中にはいます。「**生活残業**」をアテにしている人にとって働き方改革はむしろ迷惑なのかもしれません。

例えば建設業です。大手建設会社の人事担当者と話した際、生活残業の問題は業界の悩みの種だと言います。

「働き方改革は建設業でも例外ではなく、元請による労働時間削減化の流れは、日給月給制が依然として多い下請企業など協力業者の反発を招いています。日建連など業界として対応を検討しているところです。下請け業者には残業削減について説明を尽くして、過重労働に対しては交替制勤務をとるなどの対策を講じています」

また、業種や企業によっては、基本給を低く抑え、長時間の残業をすることで世間並みの給与になる賃金設計をしているケースがあります。

あるプラントメンテナンス会社の社長は言います。

「プラントメンテナンス業というのは作業員の管理・監督が中心なので、拘束時間は長いが労働密度は低い。そのため、〝100時間の残業は当たり前〟〝生活残業はごくふつう〟という意識が昔から根付いているため長時間労働が常態化していた。

下請け業者との〝付き合い残業〟も昔からの悪習になっている。業務命令や許可制にすれば無駄な残業は削減できるが、実際はそう簡単ではない。うちの社員が休日でも下請け業者の職人さんが出勤すれば現場に出なくてはならない。下請け業者の職人さんは生活のために休日でも出たい人ばかりだから……」

この会社では、昨年から中途採用者を10名弱採用し、業務過多の管理職のワークシェアによる業務の軽減化を進めている。期間工事終了のタイミングで、計画年休を含めたまとまった休暇を取らせるようにして、半日年休制度の運用も含めて年休の取得促進は進んでおり、有給休暇の取得率は85％と高い。

生活残業の問題は根深い。しかし、労働時間に上限規制が導入される時代にあって、職場の意識改革を進めなければ企業として生き残れません。生活残業が蔓延している業界でも待ったなしの改革を迫られています。

残業削減のしくみづくりは、「休み方」のしくみづくりの視点も必要です。それが企業が地道に進められる働き方のルールづくりでもあります。

◎労働者自身の「働き方改革」が不可欠

長時間労働は会社だけが悪いのでしょうか。

生活残業のように残業をアテにして働いている人たちがいます。

夕方ごろから仕事のスイッチの入るタイプは上司に「早く帰れ」と言われてもダラダラと居残る人がいます。

「上司が残業しているから帰りづらい」という人がいます。

こんな変われない、〝残念〟な職場はまだまだたくさんあります。

上司が「早く帰れ」と言うだけでは、簡単には順応できない社員も実際にいます。

こうした社員の意識を変えていくことも、労働時間短縮や削減には欠かせません。

長時間労働を改善していくためには、「仕事を早く終わらせよう」と思う気持ちがまず必要です。会社は、「長時間労働はよくないものだと」、働く側のマインドを変えていく必要があります。

そのためには、職場の労働時間管理の方法をあらためて、社員個々の労働時間の実態を把握する必要があります。残業を許可制にするなど、社員任せにしないことです。

「時間は有限だ」という意識を社員に定着させるためのルールづくりが必要です。

コーヒーブレイク！★休憩時間のルール①

休憩は16時間働いても１時間与えればＯＫ!?

一般的に、休憩時間は１時間や45分の会社が多いですが、法律上はどのように決められているのでしょうか。労働基準法34条では、労働時間が以下①②の場合に、**労働時間の途中に**与えなければならないと規定しています。

① **６時間を超える場合は少なくとも45分**
② **８時間を超える場合は少なくとも１時間**

言い換えれば、６時間ちょうどまでは休憩時間なし、８時間ちょうどまでは45分でＯＫということ。だから、1日５～６時間働くアルバイトに休憩がなかったり、16時間拘束の夜勤をする看護師さんの休憩は法律上１時間与えればＯＫということです。ただ、実際は６時間のアルバイトでも10～15分程度の休憩を与え、16時間夜勤をする看護師さんに２時間程度の休憩を与えているのが一般的です。

●「労働時間の途中」ってどういうこと？

例えば、午前９時から午後６時の会社で、休憩時間を午後５時～６時の１時間にすると、実質休憩なしの８時間労働になるので、こんな与え方はダメです。

●自由利用が大原則！

休憩時間は完全に労働から解放されていることが大原則。ヒマな店だからといって、店番をしながらの休憩（法律上「手待時間」という）は休憩とは言えません。

第2章

残業削減、時短のルールづくりのツボ

1　労働時間の実態把握が残業削減への近道

実行力のある残業削減のポイントは3つあります。

①労働時間の実態を把握すること
②許可制にすること
③上限（目標）を設定すること

できるだけ実労働時間を把握できるしくみにした上で、残業は許可制にして、何時間で終えるかという目標を設定することです。このルールを徹底することで、効率的な業務改善とサービス残業の解消ができます。

労働時間の管理は、時間外労働の管理です。

時間外労働は、各部署の所属長がその必要性を判断して、必要に応じて適正な時間を指示するなど、管理職の役割は非常に重要です。

時間外労働の削減やサービス残業の解消のために、管理職には、時間内に仕事を終えるように具体的な指導、業務配分及び業務改善をおこなうことが求められます。社員個々に、勤務時間内に仕事を終える意識をいかに持たせるかということが重要になってきます。

労働時間を管理する上で重要なことは、社員個々の「**労働時間の実態を適正に把握する**」ということです。

出退勤の勤怠管理はタイムカード、時間外労働は自己申告制にしている職場もあると思いますが、タイムカード等の客観的な入退室記録と自己申告による始業・終業時刻に乖離《かいり》があるケースが少なくありません。

人事部門が原因を調べてみると、管理職と部下の労働時間の認識にズレがあり、労働時間とするべき時間なのに自己申告されていない（させてもらえない）といったことは、労基署による監督事例や裁判例でも度々指摘されています。

タイムカード等を使用せずに、出勤簿に記名・押印するだけの管理も労働時間の実態を把握しにくい、サービス残業が生じやすい管理方法です。出勤簿に押印するだけならまだしも、病院などシフト勤務の職場では、毎月の勤務表だけ渡されるケースも中にはあります。

労働時間の実態を把握するためには、タイムカードやＩＣカードで始業・終業時刻の勤怠管理をおこなう場合であっても、実際の残業時間がどれくらいなのか、残業の中身を精査する必要があります。

◎長時間労働は短・中期的にみて健康管理をおこなう

毎日の勤怠管理だけでなく、社員の健康管理のためには、週単位、月単位での労働時間管理が欠かせません。

社員の総労働時間を週単位、月単位、３ヶ月単位、６ヶ月単位でチェック。部署別・個人別に時間外労働の実態を検証し、併せて有給休暇の取得状況も開示する。そして長時間労働の傾向のある社員には、所属長と本人に人事部が注意喚起し、必要に応じて医師の面談を受けさせる。同時にストレスチェックも実施する。

こうしたしくみは程度の差はあれ、大手企業では一般的におこなわれています。

働きやすい職場環境づくりのためには、職場の規模を問わず、勤務実態の把握は不可欠でしょう。

労働時間の〝実態把握〟なくして残業削減はできない

タイムカードと自己申告制を併用。入退室記録はタイムカード、職場内での残業を含めた実労働時間は自己申告制。タイムカードと自己申告誤差が5分以上ある場合は、本人にその理由を確認し、指導する。**（ホテル業）**

タイムカードと時間外勤務申請書を併用。入退室記録はタイムカードで管理し、残業は許可制とし、本人が申請し、所属長が許可する。タイムカードの時間と乖離があれば、所属長と事務部門でダブルチェックをする。**（病院）**

パソコンのログ情報と連動した勤怠システムを運用。休日、有給休暇の取得状況まで一括管理する。早出勤務も残業もパソコン上で事前申請し、上司の承認を得る。申請した残業時間とパソコンのログ情報に乖離がある場合、30分以上・1時間以上と時間別に一覧表で出力され、管理部門がチェックし、所属長と本人に注意喚起する。**（建設業）**

タイムカードと連動した「時間外・休日労働集計表」で月単位・年間単位で長時間労働を管理。残業が多めの社員に対して注意喚起する。（製造業）

ポイント！ **重要なのは、タイムカード上の労働時間（滞在時間）と、残業を含めた実労働時間の誤差と中身をチェックすること**

2　タイムカードの打刻時間＝労働時間か？

会社は、労働時間を適正に把握することが法律上求められています。ではタイムカード等の客観的な入退室記録がイコール労働時間となるのでしょうか。

この問題については多くの裁判例がありますが、「○」か「×」かは明確には定まっていません。傾向としては、「×」が優勢だけど、適当に管理していると「○」とみなされますよ、ということになります。

「×」優勢説について、タイムカードは単に従業員の社内における「滞在時間」を示しているにすぎず、「労働時間を記録するものではなく、勤怠管理のための記録にすぎない」というのが一般的な考え方です。だから、労働時間として賃金の対象とするべきか、残業手当の対象とするべきかは、タイムカードの時間からは画一的に決められないという立場のものが少なくありません。

「○」優勢説はもう少し明快です。タイムカードを打刻した後に残業をしていた、タイムカードの打刻時間と実際の労働時間や業務内容を何もチェックしていなかった、残業の許可を出さずに残業をしている社員を放置していた。こうした労働時間管理の仕方をしていたせいで、タイムカードの記録がそのまま労働時間とされた裁判例も多くあるので、注意が必要です。

そうは言われても、上司や社長さんにも言い分があります。

「社員が勝手に残業をしていただけだ」「あいつはタバコばかり吸ってさぼっていた」「倉庫の陰に隠れて寝ていた」「早く出て来て雑誌を読んでコーヒーを飲んでいた」「おしゃべりばかりして無駄に時間を過ごしていた」

いくらでも出てきますよね。会社側としては納得のいかないこともありますが、そうであるならばなおさらタイムカードだけではなく、それ以外の方法でも労働時間の実態を適正に把握し、時間外労働をきちんと管理する必要があります。

毎日とは言いませんが、週に1回程度は部署ごとで、社員ごとにタイムカードや業務日報、残業申請書等をチェックして、労働時間の実態を管理することが求められます。

実労働時間を管理するには、人の目によるアナログの部分は欠かせません。

3　管理職の労働時間の実態を把握しよう

「管理職に残業は関係ない」といって、管理職の労働時間を管理しなくても本当にいいのでしょうか。

労働基準法41条2号に定める「監督若しくは管理の地位にある者」（管理監督者）は、労働時間、休憩、休日の規制から除外されています。

厚労省の「労働時間の適正な把握のために使用者が講ずべき措置に関するガイドライン」（平成29年1月20日改訂）でも、適用対象者の範囲から、労基法上の管理監督者及びみなし労働時間制が適用される者は除かれています。

一般的に課長級以上を法律上の管理監督者とみなしている会社が多いと思いますが、会社の管理職＝法律上の管理監督者かどうかは勤務実態で判断されます。ただ、この問題を突き詰めてしまうと迷路に迷い込んでしまうので、ここではひとまず置いておきましょう。

それで、管理監督者ならば労働時間を把握する必要がまったくないかと言えばそうではありません。ガイドラインでは同時に、「本ガイドラインが適用されない労働者についても、健康確保を図る必要があることから、使用者において適正な労働時間管理を行う義務がある」と明示しています。

また、労災認定基準を示した「脳血管疾患及び虚血性心疾患等の認定基準について」が示すように、**労災の認定では残業時間が規準の一つ**とされています。

管理監督者に残業代の支払い義務はありませんが、健康管理上の問題として、厳格な勤怠管理はできなくても、自己申告等で総労働時間を把握する必要はあります。実際、管理職にタイムカードを打刻させている会社も多くみられます。

2016年4月、関西電力高浜原発で、運転延長をめぐる対応に追われた40代の担当課長が自殺し、同年10月に労災認定された事例があります。

この課長は1ヶ月の残業が多い月で200時間にも及んだ上、かなりの持ち帰り残業までしていた事実が発覚し、所轄の敦賀労働基準監督署は、管理職全員の労働時間を適切に把握するよう指導したというケースもあります。

会社の管理職は法律上の「管理監督者」か

■管理監督者性の判断基準（要旨）

①職務内容（責任と権限の程度）
　経営方針の決定に参画したり、労務管理上の指揮権限があるか。自らの裁量で行使できる権限が少なく、多くの事項について上司の採決を仰がなければならないような場合、管理監督者とは言えない。

②勤務態様（勤務時間の自由度）
　出退勤時刻が決められているかどうか、自由裁量が認められているか。

③待遇（賃金等の待遇面での優遇度）
　相応の報酬をもらっているか。基本給や役職手当の支給、賞与等の待遇面で、一般社員と比較して相応の待遇がなされているか。

　①～③すべてに該当するかどうかではなく、勤務実態から総合的に判断される。「管理職なのに出勤時刻が決められていて、タイムカードで厳格に管理されていた」「アルバイトの採用権限がなかった」などのケースは、管理監督者性が否定されている裁判例がある。

ポイント！ **管理職の健康管理の面から、総労働時間を把握する観点でタイムカードを打刻させるケースは多いが、管理職の裁量を損なうような厳格な管理の仕方でない限り問題ないとされている**

4 そもそも残業を命じることができる法的要件は

いまどきの若いビジネスパーソンの中には、業務命令として上司から残業を頼まれても平気で拒否する人もいます。残業を拒否する正当な理由があるならまだしも、上司が少し強い口調で言うと「それはパワハラです」と言い出します。

そこで、会社が社員に残業を命じることができる法的要件を確認しておきましょう。

①36協定の届出……36協定を締結し、所轄の労働基準監督署に届け出ている（労使で合意をしている）

②契約上の根拠……就業規則に、「36協定の範囲内で時間外労働をさせることができる」旨の規定をしている

③割増賃金の支払い……残業をさせた場合に労基法37条に定める割増賃金を支払うこと

以上がそろう限り社員は残業命令に応じる義務があります。

5　残業は「命令があっておこなうもの」を意識づける

残業はあくまでも業務命令でおこなうものという考えを、管理職も社員もしっかりと認識しておくことが必要です。

一般的には、部下が所属長に残業を申請し、所属長が残業の必要性を判断した上で許可し、「その業務は1時間で終えるように」と時間の目安を示した上で業務命令を出すというのが基本的な考え方です。

部下の残業申請については、時間外勤務申請書（あるいは時間外勤務命令書）で管理している職場も多いと思います。許可制にすれば、「残業は業務命令があっておこなうもの」と部下に意識付けることはできますが、運用していくうちに手続きが形骸化しているケースが少なくありません。

例えば、部下から申請された時間外業務の内容を、所属長がよくチェックもせずに全部承認してしまっている。部署や所属長によって対応がバラバラで許可制が形骸化している。あるいは、業務量からみて明らかに残業が必要なのに理由も聞かずに許可をしない。部下の「1時間で終えます」という申請時間を短くするよう圧力をかけるケースがあります。

所属長により対応がバラバラなケースは特に、事務部門とのダブルチェックをするしくみも必要になるでしょう。

また、突発的な業務対応のため時間外の業務が「事後承諾」になることもあるでしょうが、それが当たり前にならないようにしなければなりません。

ここで、残業許可制の運用上のポイントを整理しておきましょう。

①残業の理由を明確にさせる

「何のためにやるか」を確認し、残業をする必要性を検証します。許可はしても、「なぜその業務が残ってしまったのか」を確認し、後の改善につなげる。

②残業内容の緊急性・必要性を判断して許可する

「今日やらなければならない業務か」

「あなたがやらなければならない業務か」

他のメンバーやアルバイト等で対応できることは他の人に任せる。その指示をちゃんと出せるかどうかです。何時間でやるかという上限設定も必要ですが、この後の項で詳しく説明します。

③やるべき業務を終えているかを確認する

本来やるべき業務を終えていない、忘れていないかチェックします。

④職員の健康状態を考慮して残業を命じる

厳しい勤務が続いていないか、お昼の休憩はちゃんと取れたか、体調に問題はないかなどを確認しましょう。

残業許可制をきちんと運用するには現場での的確な判断が求められます。所属長に大きな負担がかかることにもなりますが、こうした職場のルールをきちんとしておけば残業は削減できます。

◎時間外労働の定義を明文化しておく

運用面だけでなく、会社における時間外労働の定義（割増賃金の支給要件）を明文化しておくことも、法的効力を高めることにもつながります。

①「時間外労働は所属長の指示があった場合に限り認める」ということを就業規則に明文化しておく

②所定の書式により事前申請をおこない、申請書にも上記の記載をしておく

③所属長の承認を得た場合にのみ認める

こうしたことを規定化し、きちんと運用することで、タイムカードの打刻時間ではなく、時間外勤務命令書による時間を実労働時間と判示された裁判例もあります。

規定化する場合、就業規則に「時間外労働・休日労働の手続き」の条項を設けるのが一般的ですが、「就業規則に定める時間外労働について」と称して、より詳細な規定を補足的に社員に配布して、周知徹底を図っている会社もあります。

勤務時間とは何かを明文化し、周知徹底する
～勤務時間に関する就業規則の規定例～

第○条（勤務時間）

１　就業時間は、１日につき実働８時間とし、始業及び終業時刻ならびに休憩時間は、次に定めるとおりとする。

始業時間　午前８時
終業時間　午後５時
休憩時間　午後12時～１時

２　始業時間及び終業時間は、業務の開始及び終了時刻のことであり、出社及び退社時間のことではない。始業時間に業務を開始することができない場合及び終業時間前に業務を終える場合は、それぞれ遅刻及び早退とし、遅刻及び早退にあたる時間分の給与は支給しない。

ポイント！　勤務時間とは何かを明文化し、遅刻・早退に関して言及しているケース。重要なのは、社員に周知徹底すること。就業規則に記載しても社員が知らなければ意味がないし、法的効力も弱い。

時間外労働とは何かを明文化し、周知徹底する

～時間外労働に関する就業規則の規定例～

第○条（時間外労働）

1　業務上の必要がある場合は、所定勤務時間を超え、勤務を命ずることがある。この場合において法定の労働時間を超える勤務については、あらかじめ会社は従業員の過半数を代表する者との書面による協定をし、これを所轄労働基準監督署に届け出るものとする。

36協定に言及

2　前項の時間外労働は、所属長による指示があった場合で、社員が所属長に対して所定の書式によって申請をおこない、これを承認された場合に限って認めるものとする。

残業許可制に言及

3　会社が命じた所定労働時間を超える勤務のうち、法定労働時間を超える部分については、割増賃金を支払う。

割増賃金に言及

ポイント！ **会社における時間外労働の取扱いルールを明文化する。ポイントは、時間外労働は上司の承認を得なければならないとすること。この点は、労働契約の際にもきちんと説明する。**

6　時間外勤務申請書で社員個々の働き方までわかる

タイムカード等の客観的な入退室記録と時間外勤務申請書で残業時間を管理する場合、時間外勤務申請書をどのように活用するかがポイントになってきます。

時間外勤務申請書は残業の中身を精査するのが主な目的です。例えば、医療従事者や研究者などに多く見られる、所定の勤務時間外に学習や研究をおこなう「自己研鑽」と業務の区別を明確にしたい場合です。

ある医療機関では、時間外勤務申請書に職員自ら記入して、所属長の承認を得る方式をとっていますが、自己学習を時間外におこなう場合も申請させます。そうすることで、業務ではなく自己研さんであることを意識づけます。逆に、「自己学習」と申請した場合でも、所属長が内容を確認して「業務」とする場合もあります。

時間外の中身をきちんと精査し、職員個々の働き方を把握し、滞在時間全体をみて時間外を削減することで、実質的な時間外労働の削減につなげています。

時間外申請書のひと工夫で社員個々の働き方までわかる

●Aさん……時間外労働も自己研鑽も多い

時間外労働も自己学習の時間も長時間に及んでいるAさん。人事総務から所属長に対して、時間外の業務に関して改善を促すと同時に、自己学習の時間調整も促します。

●Bさん……時間外労働は少ないが、自己研鑽の時間が多い

仕事のできるBさんは、効率的に仕事を終えて日々自己学習に励んでいます。でも、滞在時間が月50時間を超えているため、人事総務からBさんの所属長に、健康管理についての注意喚起をします。

●Cさん……時間外労働も自己研鑽もほとんどない

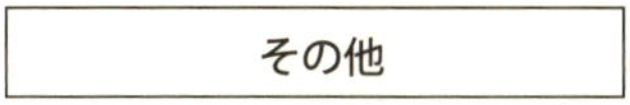

残業が少ないのは結構でも、仕事はちゃんとしているのか、仕事へのモチベーションは？　一度確認して、話し合う必要があります。

※「その他」はICカードの入退室記録と時間外申請書（時間外労働または自己研鑽）の誤差（着替えや移動の時間ほか不明な時間）。

7　残業時間に〝上限〟を設定して指示を出す

残業を許可制にした場合、部下が申請した時間外勤務に〝目標時間〟として上限を設けることは一定の効果が期待できます。反面、サービス残業の温床になりやすいので注意が必要です。

「その仕事は1時間で終えて」と、上限設定をした上で残業許可を出すことは重要です。しかし、残業する場合の時間外申請を30分まで認めて、それを超えた時間外労働は認めない（残業代を支払わない）という対応をしている職場があります。理由は、「おしゃべりをしていたり、仕事のできない新人の残業を全部認めていたらきりがない」というものです。

気持ちは痛いほどわかりますが、普段から指導が行き届いていないから無駄な残業が発生してしまうのです。業務の内容と指示した時間のミスマッチもあるでしょう。新人の業務にはもっと寛容であるべきですし、そもそも新人に残業をさせないような業務配分・設定をする必要があります。

厚労省の「労働時間の適正な把握のために使用者が講ずべき措置に関するガイドライン」では、「労働者の労働時間の適正な申告を阻害する目的で時間外労働時間数の上限を設定するなどの措置を講じないこと」としています。

残業許可を出す際に、「その業務は1時間で終えて」と指示するのと、「30分以上は認めない」と制限するのとでは意味合いが違います。

残業の上限設定をする場合に特に心がけたいのは、実際の残業時間が設定時間を超えた場合に「なぜ超えたのか」を上司と部下でちゃんと検証することです。

例えば病院において、若い看護師の残業理由が「看護記録」とだけ書かれた超過申請を認めない病院があります。これは「なぜ記録が残ってしまったのか」を記入させることで問題点を改善し、個々のスキルアップにもつながるからです。

また、「残業は30分まで」と設定した場合、30分で終えられるしくみや指導体制はできているのかという点も考慮する必要があります。

もちろん、30分を超えて1時間かかってしまった場合は、その分の割増賃金を支払う必要があります。

8 「脱サービス残業」の視点で働き方を変える

あるクリニックで、退職した医療事務の職員から内容証明郵便が届きました。封を開けてみると、「指定日までに時間外手当、深夜手当、交通費を支払うこと」という内容の文面と、タイムカードのコピーが入っていました。

労働時間をちゃんと管理していない、サービス残業が蔓延しているような、とっても残念な職場はこれが怖いのです。

辞めた社員から後になって賃金の未払い分を請求されるケースはよくありますが、中には労働者側の勘違いや不当な請求もあります。しかし、会社が労働時間をきちんと管理していないと労働者の言い分をきっぱりと否定することができないのです。

サービス残業ほど社員の士気を損ねるものはありません。最近の若い人は上司に残業を命じられても「残業代が出ないなら帰ります」ときっぱりと断る人もいます。

そもそもサービス残業とは、割増賃金が支給されない残業（＝賃金不払い残業）のことですが、サービス残業が発生してしまう理由にはいくつかのパターンがあります。

●労働時間を自己申告制にしている会社で、社員が過少申告している
●残業時間の上限が設定してあり、上限を超えた時間分は残業代を支払わない
●固定残業代を支給している会社で、定額分に相当する時間を超えて残業をしている

（次項で説明しています）

例えば、サービス残業が常態化している保育士の仕事はどうでしょうか。誕生会に向けて保育士が出し物の練習をしたり、小道具をつくったりという作業はほとんどサービス残業になっている実態があります。「子供の笑顔が見たい」と自ら望んで残業をしている（残業と思っていない？）としたらどうでしょうか。

医療の現場もそうです。患者のための〝聖職意識〟から残業もいとわない医師や看護師はたくさんいます。

そうした福祉や医療従事者の精神に甘えている時代ではありません。サービス残業の解消は、働き方の改革に欠かせない視点です。

9 「固定残業代」は長時間労働の元凶

「月給30万円　40時間分の残業代を含む」

こうした、残業代を毎月定額で支給する「固定残業代」（定額残業制）があります。会社によっては「みなし残業制」とも呼んでいるようですが、割増賃金を毎月定額の手当として支払うもので、法律で認められた制度です。この固定残業代が長時間労働やサービス残業の温床ともなっています。

固定残業代は本来、事務処理の簡便化のために認められた制度です。残業時間がゼロの人も40時間分丸々支給されるため、仕事のできる人と仕事のできない人の不公平感をなくす意義もあります。できる人のインセンティブのようなものです。

しかし、定額分の40時間を超えた時間分は、適正に割増賃金を支払うことが法的要件になっているため、固定残業代にしたとしても労働時間を把握する必要はあります。だから会社にとってそんなにメリットのあるものではありません。

それなのに固定残業代は広がっていて、不適切な運用が問題になっています。そもそも「40時間分の残業代を含む」というような会社は、長時間労働が常態化している傾向があり、違法な長時間労働の温床にもなっています。

例えば、従業員20名弱の工場で、「勤勉手当」が支給されています。手当には残業代が含まれている上、社長の判断でその月の人事評価により変動するという極端なケースもあります。

また、「ダラダラ残業」の一因になるケースもあります。

ある病院で、リハビリ科に勤務するトレーナーに残業代を月35時間分の定額制にしていました。ところが、残業をしても「どうせ残業代が出ないから」と間違った認識でダラダラ居残る職員が多かったと言います。

この病院では定額制を廃止して、タイムカードと時間外申請書で厳格に労働時間管理をおこなうようにして、無駄な時間外労働を排除するように改善しました。患者対応の後の勤務終了後に記録を付けなければならないため、残業をなくすことはできませんが、現在では月の残業時間は15時間ほどに半減しています。

固定残業代（定額残業制）の有効要件

①何時間分の残業に対して、いくら固定で支払われるのか

↓

基本給のうち、割増賃金に当たる部分が「20時間分」というように明確に区分されていること。就業規則等や雇用契約書などで明文化し、社員にも周知させる。

②規定の残業時間を超えた分は残業手当を追加で支払う

↓

実労働時間に基づき割増賃金を計算した金額が定額の手当を上回る場合は、その上回った金額を支払うこと。

ポイント！　結果的にその月の残業時間がゼロでも、規定された固定額は支払わなければいけない

【求人広告の適切な記載パターン】

月給220,000円以上
（給与内訳）基本給190,000円以上＋
月20時間分の固定残業手当30,000円
※20時間を超えた場合は別途支給

固定残業代の不適切な表記事例
～求人広告の記載例～

①月給 190,000 円以上 ＋ 固定残業手当

↓

◎固定残業手当の金額も何時間分なのかも、また、超過した場合に別途支給する旨も記載されていない

②月給 220,000 円以上

（給与内訳）基本給 190,000 円以上 ＋ みなし残業手当 30,000 円

↓

◎固定残業手当が何時間分なのか、また、超過した場合に別途支給する旨も記載されていない

10 「勝手に早出する社員」が職場の風紀を乱している!?

始業時刻の10分や15分前に出社して仕事に備えるのは社会人の常識？業務命令でない限り、本人が勝手に早く来ている分には特に問題はありません。問題は、早く出て来て「何をしているのか」、「どれくらい前に出て来ているのか」ということです。

始業前の時間というのは、終業後の居残りと比べると、使用者の指揮命令下に入る前なので、一般的には労働時間と評価される可能性は低いと言えます。

例えば、早出する社員の理由に以下のようなものがあります。

①「始業時間に間に合うバスや電車の時間で出勤しているため」
②「始業前に準備をしないと不安を感じるから」
③「電話の応対がない時間帯に終えたいことがあるから」

こうした理由は本人の問題ですが、例えば次のような理由は注意が必要です。

④「始業前に準備をしておかないと業務に支障を来す」
⑤「勤務時間中にやるべき業務だと思うがそれが勤務時間内に設けられていない」
⑥「他のスタッフが早く来ているため自分も早く来なくてはいけない」

④と⑤は「労働時間」にあたる余地がないかが問題になります。上司の命令ではないが、それをしないと業務に支障を来すというような場合、そのことを上司が知っていて黙認していたような場合、**「黙示の指示」**があったとして労働時間とみなされることがあるからです。

⑥については、まず新人や中途採用で入ったばかりの社員に悪影響を与えかねません。「みんな早出している……。なんだ、この職場は」と感じるかもしれません。**始業前準備は新人のプレッシャーになるため、一切禁止としている職場もあります。**

こうした「始業時刻より早めに出勤して準備をするのは当たり前」という風土はやはり改善すべきです。どうしても早出して準備をしておきたいというのなら、「30分以上前の出勤は厳禁」というようにルール化すべきでしょう。

11　仕事革命!!　最高の職場をつくる〝ノー残業・時短対策〟に注目!【最前線リアル実践編】

長時間労働の是正、時短を達成するためには管理職の意識改革、労働者の意識改革が欠かせません。ノー残業デーを実施したり、残業許可制を導入したり、日常の労務管理をひと工夫することも必要でしょう。

また、フレックスタイム制を導入したり、ＩＴツールの活用も、導入・運用の仕方さえ間違えなければ、勤務環境の大幅な改善につながる可能性は高いでしょう。

ここでは、私がコンサルティングにかかわった職場をはじめ、厚労省でのパンフレット等で紹介されている好事例をダイジェストで見てみましょう。

やる気になれば職場ですぐに導入できるものから、法律に基づいた制度運用の施策、ＩＴツールの活用まで業種を広げて紹介しますので、何かのヒントにはなればと思います。

◆製造小売業

終業時刻の午後6時を過ぎると総務担当が見回り、残業申請のない従業員が残っていないか確認する。

◆建設業（管理部門）

所定終業時刻の17時30分に1回目の終業のチャイムを鳴らし、19時30分に最終帰宅を促す2回目のチャイムを鳴らす。

◆情報通信

「本日の終業予定時刻は18時です」と、デスクにカードを提示し、終業時刻を宣言する。

それぞれの社員が何時に帰ろうとしているのか一目瞭然なので、その人の終業時刻に近ければ上司も同僚も無駄な仕事は頼めない。

◆病院

日勤終了時の17時に「終礼」を実施。可能な限り勤務者全員がナースセンターに集合し、残務の有無の確認などをおこない、残業する職員を選定する。いったん集まることで業務終了を意識付け、無駄な残業の削減に効果をあげている。

◆情報通信

ノー残業デーを週2回（水・金）実施。終業時刻の17時30分と消灯時刻の20時の2回チャイムを鳴らし、退社を促し、時間外労働を抑制。また、会議は目的と時間を明確にして時短でおこなう。「必要かもしれない」という無駄な資料はつくらないことを徹底し、「質の高い仕事」への改善に取り組んでいる。

◆情報通信業

①プロジェクト終了ごとに連続休暇（5日）を強制的に付与して休ませる。

②幹部社員向けに、時短対策、部下の育児休業促進などの研修を実施し、徹底して意

識づける。

③「ワークチャレンジ推進賞」と称し、時間外労働削減の実績に応じて部署ごとにインセンティブ（賞与）で評価する。

◆ホテル業

安全衛生委員会を活用し、時間外労働を部門別・個人別に検証し、指導する。勤怠管理はタイムカードと自己申告制を併用。

タイムカードと自己申告の時刻の誤差が「5分以上」ある場合は、その理由を確認し、指導することを徹底することで、わずかでも無駄な残業の抑制を図っている。

◆建設業

パソコンのログ情報と連動した勤怠システムを運用。労働時間、休日、有給休暇の取得状況まで一括管理。

申請した残業時間とパソコンのログ情報の時間に乖離があった場合は、「30分以上」「1時間以上」「2時間以上」で色分けして記録表示され、管理部門がチェックし、注意喚起する。

また、毎朝、朝礼後のスタンディングミーティングで、各人の残業予定を報告し、確認する。

◆製造業

労働時間はチーム単位で、チームリーダーが管理。長時間労働の従業員については管理者会議や衛生委員会で指摘し、具体的な改善を促す。時間外労働は、月45時間を超える前に「月70時間を見込む」など具体的な時間を申請してもらい、36協定の特別条項を発動する。

◆病院

業務の効率化のため教育・採用部門と事務管理部門の業務を統合した上で、ＩＴ化を推進。スマホでも見られる「ウェブ給与明細」を導入し、紙で給与明細が必要な職員にはダウンロードして印刷する（実際はほとんどの人が紙の明細を必要としていないという）。

コストダウンはウェブのランニングコストと相殺すると若干にとどまるが、給与明細作成に4時間かかっていた作業が30分でできるようになった。

◆特別養護老人ホーム

ヘルパースタッフを対象に、無線LANタブレットを導入。業務の効率化と質を高めるため、介護記録のIT化を開始。機器が苦手な年配者には丁寧に指導し、定着化を図っている。

◆病院

院内全体でIT化を進めている。医師の業務においては、タブレット端末を支給し、在宅中の医師に患者の状況やデータを画像で確認してもらい、緊急時の判断を仰げるようにしている。

コーヒーブレイク！★休憩時間のルール②

残業で休憩が取れなかった場合はどうする？

例えば、所定労働時間を１日７時間45分、休憩時間45分としている会社で、残業で労働時間が８時間を超えた場合、追加で15分の休憩を与える必要があります。

この場合、残業した後に（労働時間の終わりに）与えることがないように、残業が１時間以上見込まれるなど、明らかに８時間を超えることがわかっている場合、残業に入る前に休憩を与えるといいでしょう。

チェック！

【お金を払えば休憩はいらない？】

仕事の都合で結果的に休憩が取れないということもあります。この場合、休憩時間分の通常の賃金の支払いが必要です。また、休憩を取らなかったことで法定労働時間の８時間を超えた場合は別途割増賃金の支払いも必要です。

ただ、労基法34条は罰則付きで休憩付与を義務付けています。お昼休憩が取れなかったら、他の時間帯に休憩を取らせるのが最優先ということをお忘れなく。

第3章

時間や場所にとらわれない働き方のルール

1　働く長さを変えずに始業・終業時刻を変える働き方

ここからは法律に基づく制度などを運用した、働き方のルールづくりについて説明します。

毎日の勤務を柔軟にする、就業規則に基づく手軽なルールから、正社員のまま週休3日制を導入するなど働き方をガラリと変える制度運用まで、法律のしくみをわかりやすく説明しながら見ていきましょう。

社会的にワーク・ライフ・バランスが叫ばれる中、個人に合わせた自由な働き方ができることは、従業員満足度を高めるためには重要な施策です。

自由な働き方というと、真っ先に「フレックスタイム制度」が思い浮かびますが、もっと簡単に出退勤の時間を変えたりする方法もあります。

一般的に、どこの会社でも「**始業・終業時刻の繰上げ、繰下げ**」**のルール**を就業規則に規定していると思いますが、働く側は意外とこのルールを知りません。

例えば、9時始業の会社で、業務の都合で7時に出勤しなければならない場合、そのまま決められた終業時刻まで働くと2時間の残業になってしまいます。そこで、退社時刻を2時間早めることで、雇用契約で決められた1日の所定労働時間を変えずに働けるというものです。

単純に、始業・終業時刻を同じ長さだけスライドさせるのが原則です。また、当然ながら1日の法定労働時間の範囲内であれば、始業・終業時刻をスライドさせて働かせても割増賃金を支払う必要はありません。

始業・終業時刻の繰上げ・繰下げについては、就業規則に記載する以外に特別な手続きや届け出は必要ありません。就業規則に以下のように定めます。

「業務の都合その他やむを得ない事情により、就業時間を繰上げ又は繰下げることがある。この場合において業務の都合によるときは前日までに通知する」

荷主の都合や道路事情などで始業・終業時刻が左右されやすい運送業でもこのルー

ルを日常的に活用している会社があります。

この会社では、荷物により、始業時刻より早く出勤して積み込みをしたり、終業時刻後の雑多な作業が日常的にあるため、必要なときのみ、2時間を限度に、始業・終業時刻の繰上げ・繰下げを認めています。

これはドライバーの判断によるフレックス勤務的な柔軟な取り扱いとも言えます。荷物などの状況により、2時間分をそのままスライドできないときは残業扱いとしますが、これにより時間外労働の削減に効果をあげています。

働く時間を変えずに出退勤の時間を人によって変える、「**時差出勤**」に取り組んでいる企業も出てきました。

報道でご存知の方もいるかと思いますが、三井物産が今年6月1日から個人単位での時差出勤制度を開始しました。1日の所定労働時間は変えずに、始業時刻を午前7時45分から10時45分まで15分刻みで選べるというものです。

前日までに申請すれば、始業時刻は毎日変えることも可能で、社員が最も効率的に働ける勤務時間を日替わりで選択できるという画期的な制度です。

古い体質の会社の〝悪習〟とは具体的にどういうことか?

「今日２時間残業したから、明日２時間早く帰っていいよ」
これって社員にやさしい会社？　それとも法律違反？

一見、「いい上司」にも思えますが、どうなのでしょうか？

実はこのケース、労務管理のずさんな、典型的な古い体質の会社の〝悪習〟です。どういうことでしょうか。

【解説!】

ある日２時間の残業をして、翌日２時間早退させることで、２時間分の残業代をチャラにしちゃうというものです。

２時間の残業に対して25%の割増賃金を支払ったうえで、本人の健康を考えて翌日２時間早退させるというならわかります。

でもチャラにするというのは明らかな違法行為。**前日の残業２時間と翌日の早退２時間を相殺することはできないというのが、労働基準法の基本中の基本**です。その日２時間残業したという事実は消えないのです。

こうしたことは古い体質の病院でよく聞かれましたが、いまだに慣習として残っているところがあります。働き方や勤務環境の改善は、まずこうした〝悪習〟を排除してからですね。

2　ワーク・ライフ・バランスが実現できる自由度の高い働き方

■フレックスタイム制のルール①

個人消費活性化のための取り組みとして経済産業省が推進した「プレミアムフライデー」ですが、いまのところ不発に終わりそうな雰囲気ですね。

毎月月末の金曜日は午後3時に終業しようというものですが、「中小企業には無理」「時給で働く人にはいい迷惑」といった声も多く、掛け声倒れに終わりそうです。

企業によっては、有給休暇の取得（この場合は後述する「時間単位年休」をさす）を奨励していますが、フレックスタイム制度を活用して、コアタイム終了時刻での退社を促すなどの工夫もしているようです。

◎「コアタイムって何？」

ここでは、フレックスタイム制について簡単に説明します。

フレックスタイム制は、労働時間の例外として設けられた労働基準法に基づく制度です。1日の労働時間の長さを固定せずに、1ヶ月の総労働時間の範囲内で毎日の始業と就業時刻を自分で決めて働くことができるというものです。

通勤ラッシュの時間帯を避けたり、「早朝出勤して夕方早めに切り上げよう」「今日は普段より長めに働いたから、明日は普段よりゆっくり出勤しよう」といったように、出退勤の時間を自由に調整できるのがメリットです。

またフレックスタイム制のもとでは、1日の勤務時間帯について、必ず勤務しなければならない時間帯「コアタイム」を会社が設定することができます。業務や会議の都合などでコアタイムを午前10時～午後3時と規定した場合、制度の対象となっている社員は「10時から15時までは必ず会社にいなければいけない」ことになります。

制度運用している会社では、通常、その時間帯の中であればいつ出社・退社してもいい時間帯「フレキシブルタイム」とに分けて運用しています。また、コアタイムは必ず設けなければいけないものではないので、すべての時間帯をフレキシブルタイムとすることもできます。

ちなみに、始業時刻は自分で決められるが終業時刻は会社に指定されている（あるいはその逆も）、コアタイムの時間帯が長すぎて、コアタイムと標準となる1日の労働時間がほとんど一緒といったようなしくみは、フレックスタイム制とはみなされない場合がありますので注意が必要です。

なお、前項で述べた三井物産の「時差出勤」の制度は、会社が決めた時間帯を社員が選択できる制度であって、社員が自分で自由に出退勤の時間を決められるものではないので、フレックスタイム制とは少し異なります。

フレックスタイム制は、子育てなどをする社員などや、英会話スクールや教室に通いながら働くなど、その生活と業務との調和を図りながら、効率的に働くことができるため、ワーク・ライフ・バランスの推進には一役買うことは間違いありません。

しかし、日本で導入している企業はまだ4・6％しかありません（平成28年就労条件総合調査）。業務改善が進み、会社のしくみづくりが変わってくれば導入する企業も増え、政府が進める働き方改革と女性活躍社会の一助にはなるはずです。

フレックスタイム制を導入するための要件【労働基準法第32条の3】

①就業規則に規定する

始業・終業時刻を対象労働者に委ねる旨の規定をする。

②労使協定に定める

(1)対象となる労働者の範囲

個人、部署ごと、グループごとなど。「企画部に所属する社員」など範囲が明確になるように定める。

(2)清算期間と起算日

清算期間とは同制度において労働者が労働すべき期間のことで、通常は給与計算期間に合わせて1ヶ月とするケースが多い。

起算日は「毎月1日」や「毎月16日」というように、どの期間が清算期間なのか明記する。

(3)清算期間における総労働時間

清算期間を平均して1週間の労働時間が40時間以内になるよう定める。この時間を超過すると時間外労働となり、不足すると欠勤時間として取り扱われる。例えば、1ヶ月の暦日数が30日の月は171.4時間、31日の月は177.1時間以内にする（法定労働時間の上限）。

(4)標準となる1日の労働時間

年次有給休暇を取得した日に何時間労働したものとして給与計算するかを決めておく。

(5)コアタイム　※任意

1日のうちで必ず働かなければならない時間帯で、必要なければ設けなくてもよい。定める場合には、その開始・終了の時刻を記載。

(6)フレキシブルタイム　※任意

労働者の選択により労働することができる時間帯で、必要なければ設けなくてもよい。定める場合には、その開始・終了の時刻を記載。

※「労使協定」……労働組合または労働者の過半数を代表する者と使用者との書面による協定（会社と従業員の合意文書）。

フレックスタイム制の就業規則の規定例

（適用労働者の範囲）

第◯条　企画部に所属する従業員にフレックスタイム制を適用する。

第◯条

1　フレックスタイム制が適用される社員の始業及び終業の時刻については、社員の自主的決定に委ねるものとする。ただし、始業時刻につき社員の自主的決定に委ねる時間帯は、午前６時から午前10時まで、終業時刻につき従業員の自主的決定に委ねる時間帯は、午後３時から午後７時までの間とする。

2　午前10時から午後３時までの間（正午から午後１時までの休憩時間を除く）については、所属長の承認のないかぎり、所定の労働に従事しなければならない。

コアタイム

（清算期間及び総労働時間）

第◯条

1　清算期間は１ヶ月間とし、毎月16日を起算日とする。

2　清算期間中に労働すべき総労働時間は、165時間とする。

（標準労働時間）

第◯条　標準となる１日の労働時間は、７時間30分とする。

（その他）

第◯条　前条に掲げる事項以外については労使で協議する。

コアタイム、フレキシブルタイムの関係

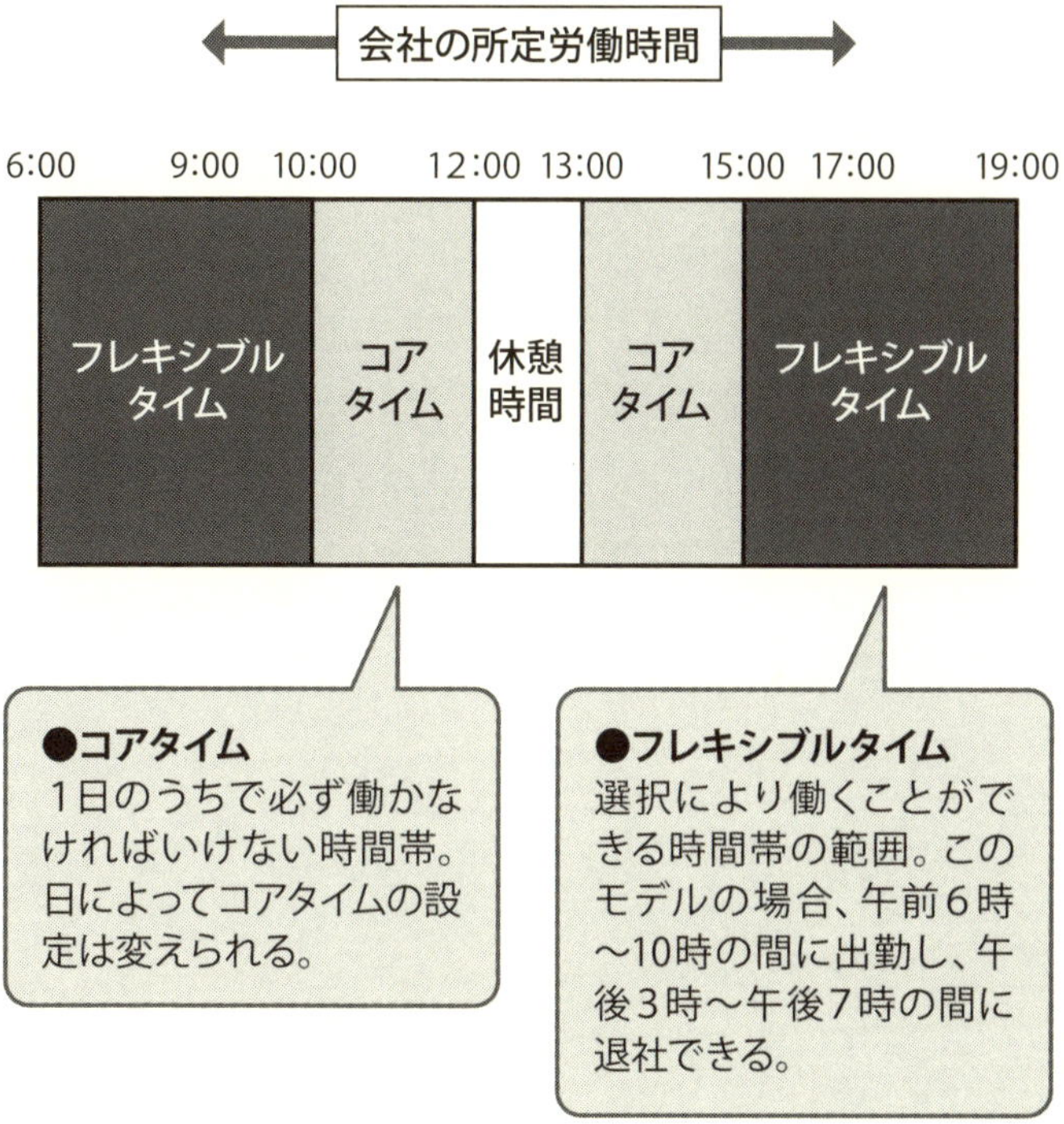

※フレキシブルタイムの時間帯が極端に短く、30分しかないような制度はフレックスタイム制とは言えない。例えば、所定労働時間が午前9時〜午後5時の会社で、コアタイムが午前8時30分〜午後4時40分といったケース。

3　フレックスタイム制なら残業代はいらない？

■フレックスタイム制のルール②

「フレックスで働く社員は、時間調整ができるから残業自体がない」

このようにたまに制度そのものを勘違いしている社長さんがいます。

フレックスタイム制は、個々の社員が業務の都合に合わせて自由裁量で働ける制度ですが、会社が労働時間の管理をしなくていいわけではありません。長く働けば残業代も支払わなければいけません。

フレックスタイム制で時間外労働となるのは、「清算期間」（通常は1ヶ月）における法定労働時間の総枠を超えた時間です。つまり、残業は1日や1週間単位では判断せずに、1ヶ月間働いた結果として、最初に決めた総労働時間の総枠を超えたかどうかで判断します。

また、フレックスタイム制のもとでも、36協定に定める月の時間外労働時間の上限を超えて働くことや、残業や深夜業務を禁止することもできます。残業をおこなう場合も所属長に申し出て許可制にすることも認められています。

例えば、「1か月の労働時間が160時間を超える場合、時間外労働をおこなうに当たり、事前に所属長の許可を得ること」という規定をすることも、社員が始業・終業の時刻を自由に決めることができる限り可能でしょう。

注意したいのは、フレックスタイム制は自由度が高い分、ダラダラ残業になりやすいことです。もともとダラダラ残業をするタイプは、フレックスタイム制を導入するとかえって長時間労働になる可能性もあります。

ちなみに、フレックスタイム制で働く社員に、出勤時刻や残業を命じることはできませんが、本人の了解を得れば、会議や業務の都合などで時刻を指定して早く出てきてもらうことは可能です。

フレックスタイム制でも「遅刻」「早退」はある！

●フレックスタイム制の「労働時間」のポイント

◎労使協定で定めた「総労働時間を超えた時間」が時間外労働になる
◎１日、１週間ごとの時間外労働は発生しない
◎コアタイムを定めていないと、遅刻・早退という概念はない
◎コアタイムを定めていると、遅刻・早退があり得る

↓

だから、フレックスタイム制でも遅刻・早退はある！

↓

ただし、**清算期間をトータルして労使協定で定めた総労働時間を働いていれば、 遅刻・早退した分の時間について給料から控除することはできない！**

↓

それじゃ納得がいかん！　というのなら

・賞与の算定など人事評価に反映させる

・精皆勤手当等の支給に反映させる

4 勤務する日も自由、遅刻や欠勤もない!? 間違いだらけのフレックスタイム制入門

■フレックスタイム制のルール③

「フレックスで働く社員には残業自体がない」と誤解をしている経営者がいるように、自由度の高いしくみであるためか、「オレ流」フレックスで働く勘違い社員もごくまれに存在します。

◎勤務日に出勤するかしないかの自由まではありません！

これは実際にフレックスタイム制を導入している、ある中小企業の人事担当者に相談されたケースです。

この会社のフレックスタイム制はコアタイムのない完全フレックス制なので、かなり自由度の高いしくみです。

ある若手社員が「2日ほど休みたいんですが」と上司に申し出ました。上司が「有

給休暇を取るの?」と尋ねたところ、「いえ、今月分はすでに働いたので休もうと思いまして」とのこと。言われた上司は「……?」

このケースは、若手社員の思い違いなのですが、簡単に言うと、清算期間の決められた所定労働時間はすでに働いたから、清算期間終了までの2日間は休みたいということらしい。

フレックスタイム制は、**あくまでも始業時刻と終業時刻を自分で決められる制度**であって、決められた所定労働日に出勤するかしないかまで自由に決められる制度ではありません。言い換えれば、休日まで社員が決められる制度ではありません。

コアタイムのない完全フレックス制だと、いつ出勤しても、いつ帰ってもいいことになるので、ある日長く働けば翌日は勤務しなくてもいいのではと拡大解釈をする人が現れても不思議ではありません。コアタイムがなくても法の趣旨は変わりませんので、出勤しなければ欠勤扱いになります。

法律に基づいた労働時間制度は、細かい運用ルールがあるので、フレックスタイム制を導入する場合きちんと対象社員に説明しておく必要があるでしょう。

フレックスタイム制でも「働き過ぎ」を防止しよう！

●フレックスタイム制でも社員の労働時間の把握義務はある

●自己申告制ではなく、タイムカード・ICカード等の客観的な記録で社員の各日の労働時間を把握する必要がある

●健康管理のための「上限設定」が必要なときも

・「1日の労働時間が12時間を超えるのは連続3日まで」
・「1週の労働時間は60時間を限度とする」

働く時間に上限（目安）を設けることは、社員の健康管理の観点からも必要な措置。上限を超えたら健康面をチェックするしくみをつくることも大切。

ポイント！ **フレックスタイム制は、清算期間における総労働時間と法定労働時間の枠以外に規制がないため、運用の仕方を間違えると長時間労働につながりやすい！**

5　特定の専門職が時間にとらわれずに働けるしくみ

■裁量労働制のルール

フレックスタイム制と並んで、労働時間の規定の例外として設けられた制度の一つが**裁量労働制**です。

この制度は簡単に言うと、働く時間や仕事の進め方などを、会社が指示しにくい専門的な仕事をしている社員を対象にした特例的な制度です。

働く人にとっては、自律的に時間管理ができるため、ワーク・ライフ・バランスに適《かな》う働き方と言えます。

制度の特徴は、出退勤時間の制限がないことと、労働時間を実労働時間によって算定するのではなく、労使で取り決めた労働時間数を〝働いたとみなす〟というものです。

例えば、労使で労働時間を「8時間」とみなして合意した場合、実際に6時間働いても10時間働いても、「8時間働いた」とみなして処理します。実際に10時間働いたとしても、実労働時間に応じた残業代は発生しません。

出退勤時間に制限がないため、フレックスタイム制と間違いやすいですが、裁量労働制とフレックスタイム制は全く別ものです。裁量労働制は、「みなし労働時間」で給与を計算しますが、フレックスタイム制は、出退勤時間の自由度が高いだけで、労働時間自体は実労働時間で算定します。

また、裁量労働制は、誰にでも適用できるわけではありません。対象者はシステムエンジニアや技術者、研究者など、法律に定められた特定の専門職だけです。

裁量労働制には、システムエンジニアなどの専門職にのみ適用される「**専門業務型裁量労働制**」と、企業の中枢部門で企画・立案・調査・分析の業務に従事する一定のホワイトカラーに適用される「**企画業務型裁量労働制**」の2つのタイプがあります。

一般的に専門的業務型で働く労働者は、働く時間の長さではなく、仕事の成果によって評価がなされます。

企画業務型で働く労働者も、企業の中枢部門で企画立案などの仕事を自律的におこなっているため、専門業務型の対象者と同じように仕事の成果によって評価されると基本的には考えられています。

ただし、企画業務型は適用対象業務が会社内における「企画・立案・調査・分析の業務」と、専門業務型に比べてやや曖昧で、「この人本当に該当するのか?」と思うような一般社員にまで適用する等濫用のおそれがあります。そのため社内に労使委員会を設置した上で、委員会の5分の4以上の多数決による決議を要するなど、導入要件はかなり厳しいのが特徴です。

◎「残業代なし」ではなくワーク・ライフ・バランスの実現のために

労働時間の長さではなく、仕事の成果によって給料を支払うしくみ——。

そう聞いてピンと来た人もいるかもしれませんね。そう、10年前に「残業代ゼロ法案」「過労死促進法案」として批判を受けて消滅した「ホワイトカラー・エグゼンプション」を思い出します。

実はこの法案、2014年の政府の成長戦略に盛り込まれ、現在も審議継続中の改正労働基準法の柱のひとつとして復活しています。1日8時間、週40時間という労働時間規制を適用しない「高度プロフェッショナル制度」は、「年収1075万円以上の高度な専門職」に限定して導入が検討されているところです。

「長時間働いても給料は変わらないので効率的に働く」と効果が期待されていますが、

一方で、固定残業代のしくみと同様に、適正な残業代を支払わない、不当な長時間労働につながりやすいことが懸念されており、政府案を修正するようです。

裁量労働制では、労使でみなした時間についても当然ながら法律の規制は及ぶため、みなした時間が「1日8時間　週40時間」の法定労働時間を超えている場合は、割増賃金を支払う必要があります。

この場合、固定残業代で対応するのが一般的ですが、「9時間」とみなしたら、1時間分の割増賃金をあらかじめ含めて給料を支払うことになります。

懸念材料はもう一つあります。「裁量労働」と言いながら、実際は働き方に裁量がなくて、一般の社員と何ら変わらないということで、裁量労働制の適用が否定され、実際に働いた時間分の残業代の支払いを命じられた裁判例などもあります。

裁量労働制は本来、効率的に働いて、成果が正当に評価される柔軟な働き方ができる制度のはず。「時間にとらわれずに働きたい」というビジネスパーソンのワーク・ライフ・バランスの実現を目的に、働く人のモチベーションを促すしくみとして導入すべきでしょう。

専門業務型裁量労働制の対象19業務【労働基準法38条の3】

①新商品、新技術の研究開発又は人文科学、自然科学に関する研究の業務（研究開発）
②情報処理システムの分析、設計の業務
③新聞、出版、放送における取材、編集の業務
④衣服、工業製品、広告等の新たなデザイン考案の業務
⑤プロデューサー、ディレクターの業務（告示で定める業務）
⑥コピーライターの業務
⑦システムコンサルタントの業務
⑧インテリアコーディネーターの業務
⑨ゲーム用ソフトウェアの創作の業務
⑩証券アナリストの業務
⑪金融工学等の知識を用いて行う金融商品の開発の業務
⑫大学における教授研究の業務
⑬公認会計士の業務
⑭弁護士の業務
⑮建築士（一級建築士、二級建築士及び木造建築士）の業務
⑯不動産鑑定士の業務
⑰弁理士の業務
⑱税理士の業務
⑲中小企業診断士の業務

チェック！

★②の情報処理システムの分析、設計の業務を統括するＳＥは対象になるが、裁量権のないプログラマーは対象外
★医師、薬剤師、社会保険労務士、アナウンサーなどの業務は専門業務型裁量労働制の対象外

企画業務型裁量労働制の導入要件は厳しい
【労働基準法38条の4】

対象業務

本社・本店等における、事業の運営に関する事項についての企画、立案、調査及び分析の業務。

導入要件

(1) 社内に労使委員会を設ける。
(2) 労使委員会において、以下の事項について委員の5分の4以上の多数により決議する。
①対象業務の範囲
②対象労働者の範囲
③みなし労働時間（1日あたりの労働時間数）
④労働時間の状況に応じた対象労働者の健康・福祉確保のための措置
⑤対象労働者からの苦情処理に関する措置
⑥労働者の同意の取得及び不同意者の不利益取扱いの禁止
⑦決議の有効期間の定め
⑧上記④⑤⑥に関する労働者ごとの記録の保存

↓

決議を所轄労働基準監督署へ届け出る

6 「週休3日で週40時間働く」しくみ

■変形労働時間制のルール

宅配大手の佐川急便とヤマト運輸が今年6月に相次いで導入を発表したのが「週休3日制」です。深刻なドライバー不足の解消につながるか注目されるところですが、ユニクロやヤフーをはじめ、週休3日制の働き方を導入する企業は増えています。

厚生労働省の調査によると、1週間に3日以上の休日を従業員に与えている企業は2016年1月時点で5・8%。

ここで言う週休3日制は、短時間勤務のパート・アルバイトの働き方ではありません。一般的な週休3日制のしくみは、正社員を対象に、1週間の勤務時間数を変えずに休日を増やすというものです。

具体的には、1日の勤務時間8時間、週休2日制の会社の場合、1日の勤務時間を10時間にして週休3日とすることで、1週間の勤務時間は40で同じになります。つまり、**休日を増やす分、1日の勤務時間を長くするというもの**です。働き方改革の一環として、導入を検討する企業が多いようです。

法定労働時間が1日8時間なので、「1日10時間勤務にすると、毎日2時間の残業代を支払うの?」と思うかもしれませんが、そうではありません。このしくみは「**変形労働時間制**」という法律上の制度を導入することで、1日10時間働かせても残業代を支払わなくてもいい制度なのです。ちょっと複雑な制度なので、ここではわかりやすく簡単に説明します。

変形労働時間制には、1ヶ月単位、1年単位、1週間単位の3種類あり、一般的に導入されているのが「1ヶ月単位の変形労働時間制」と「1年単位の変形労働時間制」です。

1ヶ月単位の変形制の場合、1ヶ月の期間で、1週間あたりの平均労働時間が法定労働時間の40時間の範囲内であれば、特定の日や特定の週に法定労働時間を超えて働かせてもよいというものです。

例えば、毎月決まって月初の1週間が忙しいというような場合、その1週間は1日9時間(週45時間)働くと設定して、他の日や週の労働時間を短くすることで、1ヶ月の法定労働時間の総枠(30日の月は171・4時間、31の月は177・1時間)を超えなければいいのです。だから、この制度を使うと、「1日10時間勤務、週休3日」とすることも可能になるわけです。

1ヶ月単位の変形労働時間制は、月始めや月末、あるいは特定の週が忙しいといった場合に採用するのが一般的です。1年単位の場合は、特定の月や季節が忙しいといった場合に導入します。

また、変形労働時間制を採用すると、病院で働く看護師さんのように、16時間拘束の夜勤勤務といった、最初から法定労働時間を超えた特殊な勤務時間の設定もできます。この場合、割増賃金の支払いが必要なのは、所定の16時間を超えた時間（休憩時間を除く）です。

変形労働時間制は、閑散期と繁忙期の差が激しい業界などの場合、柔軟な対応ができたり、残業代を抑えられるというメリットが会社にはあります。ただ、制度を導入するための手続きや勤怠管理が面倒なため、導入する場合はしっかりと検討してから導入すべきでしょう。

変形労働時間制のしくみ

①1か月単位の変形労働時間制（労働基準法32条の2）
1か月を平均して1週40時間を超えなければ。1日8時間、週40時間を超えても時間外労働とカウントしなくてもいいしくみ。忙しい月末や月初の労働時間を長くしたり、週休3日にしたりすることができる。

②1年単位の変形労働時間制（労働基準法32条の4）
シーズンごとに繁閑の差があるような業態に適したしくみ。繁忙期に1日10時間など長い労働時間を設定したり、週6日間労働にしたりすることができる。

1か月単位の変形労働時間制の事例

●毎月、月末・月初が忙しい職場の月間カレンダーのパターン

	月	火	水	木	金	土	日	週の労働時間
1日〜7日	**10**	**10**	**10**	7	7	休	休	44
8日〜14日	7	7	7	7	7	休	休	35
15日〜21日	7	7	7	7	7	休	休	35
22日〜28日	7	7	7	7	7	休	休	35
29日〜31日	7	**10**	**10**					27

暦日数31日の月の法定労働時間177.1時間＞月の総労働時間176時間

月の法定労働時間の総枠を超えなければOK

【コラム】副業解禁！　でもそんなに簡単な話ではありません……

佐川急便やヤマト運輸が週休3日制を導入することに併せて、副業を容認する方針を打ち出しました。従業員にとっては、休みが増える分、残業代が少なくなって収入が減るため、コンビニなどでアルバイトをしてもいいよということのようです。

収入減はバイトで補えということか、最近、民間企業では副業や兼業を解禁する企業は増えています。政府も働き方改革の一環として副業を容認する方針です。

副業は働く側からすれば、うまく時間を管理しないと本業がおろそかになるおそれがあります。稼ぎたい人にとっては、週休3日になった場合、3日間全部アルバイトを入れるかもしれません。そうなると健康面の問題が生じます。

法律上、勤務時間外に副業や兼業をしてはいけないという規制はありません。一般的には就業規則で兼業禁止規定を設けている会社が多いと思います。兼業を認める場合でも、「会社の承認を得ないで……」というように特約付きで設けていると思います。労働者が疲労等で仕事の途中に倒れ、負傷や死亡した場合、会社は**安全配慮義務違反**

に問われ、損害賠償責任を負うケースがあります。本業の会社と、アルバイト先の会社のどちらが直接的な原因なのかはっきりしない場合、**「共同不法行為」**（民法719条1項）に基づき、連帯して責任を負わせられる可能性もあります。

具体的に、「兼業先」の視点でこの問題を考えてみましょう。

例えば、平日はA病院で日勤として働いている看護師さんが、土・日に他のB病院で16時間拘束の夜勤勤務で働くケースが実際にあります。この看護師さんが疲労等で倒れて亡くなってしまった場合、使用者責任を負う可能性が高いのはA病院とB病院のどちらでしょうか。

はっきりしたことは言えませんが、B病院がこの看護師さんを夜勤で採用する際、通常は面接で平日何をしているか、他の仕事をしているかぐらいは確認するでしょう。A病院には兼業禁止規定があり、B病院は昼間働いていることを知りながら採用するとなると、B病院が責任を負うリスクが高いと言えます。

「副業OK！」というとなんだかハッピーな気分になりますが、働く側も雇う側も慎重に検討する必要があるのではないでしょうか。

7 「会社に行かない」という新しい働き方

■テレワークのルール

場所や時間を選ばない「**テレワーク**」という新しい働き方をご存知でしょうか。

働き方改革実行計画の中でも取り上げられましたが、労働人口が減少する中、政府も働き方改革を推進する起爆剤としてテレワークを推進しています。

テレワークは、「ＩＴ（情報通信技術）を活用した、場所や時間にとらわれない柔軟な働き方」のことを言います。会社の仕事を自宅でする「**在宅勤務**」、移動途中に仕事をする「**モバイルワーク**」、勤務先以外の**サテライトオフィス**で働く形態などがあります。

仕事と家庭生活の両立、介護や育児を担う人の就業促進、地方における就業機会の増加による地域活性化、交通渋滞や通勤混雑の緩和など、さまざまな波及効果が期待されています。

政府は、「２０２０年東京オリンピック・パラリンピック」までには、テレワーク導入企業を2012年度（11・5％）比で3倍とする目標を掲げています。現在、トヨタ自動車や三井物産など、IT系以外の大手企業でもテレワークを導入していますが、実際は導入状況はまだまだ低調のようです。

働く側の視点で見るとどうでしょうか。連合総研が全国の民間企業に勤める男女2000人へのインターネット調査が興味深いです。

調査では、テレワーク制度が勤務先に「ある」と回答した従業員は9・7％。「テレワーク勤務したいと思わない」が3割いますが、理由として、「今の働き方で問題ない」「今の仕事をテレワークでおこなうのは難しい」「仕事と私生活の区別がつかなくなりそう」と続き、新しい働き方への不安感があるようです。

欧米ではテレワークは普及していて、米国で85％、イギリスで38％、ドイツで22％、フランスで約14％の企業等がテレワークを導入しています（総務省「平成26年通信利用動向調査」）。

日本では、場所や時間を提供することが重要な働き方として根付いていています。仕事と私生活を切り替える意識も含めて、労使の意識改革と導入する場合の細かいルールづくりが必要でしょう。

テレワーク勤務のメリット・デメリット

メリット

●仕事の生産性・効率性が向上する
●電話対応などにじゃまされず、業務に集中できる
●顧客サービスが向上する
●オフィスに必要な経費や通勤手当が削減できる
●柔軟な働き方ができることで優秀な人材が確保できる
●育児や介護などをしながら働くことができる
（ワーク・ライフ・バランスが図れる）
●通勤ストレスから解放される

デメリット

●仕事と私生活の区別がつかなくなり、仕事意欲が低下しやすい
●昼夜、休日に関係なく仕事をするなど労働時間の自己管理が難しい
●対面のコミュニケーションが減少する
●セキュリティ、情報漏洩など管理の問題

↓

労働時間管理のルールづくりは必須

テレワークを導入する場合の留意点

●会社員がテレワーク勤務をする場合の3つの働き方

①自宅で仕事をする「在宅勤務」
②移動しながら仕事をする「モバイルワーク」
③勤務先以外の小規模なオフィスなどで働く「サテライトオフィス勤務」

●在宅勤務にも労働関係法が適用される

・原則、通常の法定労働時間（1日8時間・週40時間）が適用される。
・各種の労働時間制度が活用できる。
　フレックスタイム制・変形労働時間制・裁量労働制・事業場外みなし労働時間制（下記参照）。
・自宅でテレワークをおこなっているときに、業務が原因で生じた災害は労災保険の対象になり得る。

●モバイルワークで労働時間をどう算定するか

「事業場外労働のみなし労働時間制」（労働基準法38条の2）を活用。この制度は、外回りの営業マンなどが実際にどのくらい働いたのか算定できない場合に、実労働時間に関係なく事前に決めた時間を働いたとみなす制度。

　所定労働時間を8時間とみなすのが一般的だが、「9時間」とみなす場合は1時間の残業代を含めて決める必要がある。「裁量労働制」もみなし労働時間制の一つ。

8　テレワーク導入のルールづくりのキモ

■事業場外労働のみなし労働時間制のルール

在宅勤務にしろ、移動途中に仕事をするモバイルワークにしろ、テレワークという働き方は、一般的に社員が実際に何時間働いたかを算定するのが困難です。そうした場合、労働時間制度の特例として「事業場外労働のみなし労働時間制」（労働基準法38条の2）を利用することができます。

この制度は、労働者が労働時間の全部または一部を会社以外の場所で仕事をして、実際にどのくらい働いたのか算定できない場合に、実労働時間に関係なく一定の時間「労働したものとみなす」というものです。

例えば、内勤の場合の所定労働時間が8時間なら、社外で働く場合もそのまま8時間とみなし、通常8時間で終わらないような仕事であれば、あらかじめ9時間とみなすものです（この場合、1時間分の残業代を含めて決める）。

事業場外労働の算定方法は法令上以下の3つに分類されています。

①所定労働時間みなし（原則）

会社の所定労働時間が8時間であれば、社外での仕事も8時間働いたとみなし、7時間30分であれば7時間30分働いたとみなします。モバイルワークのようなケースにおいて、1日の労働時間の一部は会社内で業務に従事した場合には、その時間も含めて所定労働時間労働したものとみなします（一括みなし）。

②通常必要時間みなし

事業場外の業務を遂行するために、通常所定労働時間を超えて労働することが必要な場合には、その業務の遂行に通常必要とされる時間労働したものとみなします。9時間要するような業務であれば「9時間」とみなします。

③労使協定みなし

②の算定方法とした場合に、みなし時間を労使で書面による協定をした場合に、協定で定めた時間労働したものとみなします。

事業場外労働の場合、業務の実態を踏まえて労使で協議して決めるのが適当であるため、事業場外での業務が日々常態としておこなうようなものであれば、労使協定で定めたほうがいいとされています。

②と③の算定方法のとき、労働時間の一部を事業場内で業務に従事した場合には、その時間については別途把握し、「事業場内での労働時間」と「通常必要時間みなした時間、または労使協定で定めた時間」とを合計する必要があります。

なお、事業場外であっても、次のような使用者の指揮監督が及ぶ場合、つまり労働時間が把握できるような場合はみなし労働時間制は適用できません。

①グループで事業場外労働に従事し、その中に労働時間を管理する者がいる場合
②携帯電話等によって随時会社から指示を受けるような場合
③事業場で、訪問先や帰社時刻などその日の業務の具体的指示を受けた後に事業場外で指示どおりに業務に従事し、その後、事業場に戻る場合。

また、事業場外の労働だからといって、例えば、コンビニやスーパーのルート配送のような業務は、みなし労働時間制は適用できません。なぜなら、配達ルートや配達先などが決まっており、通常は労働時間の把握は可能とされているからです。

事業場外労働の具体的な算定方法

◎所定労働時間8時間
午前8時始業・午後6時終業（休午前12時〜午後1時休憩）の職場のケース

◇1日の労働時間の「全部」を事業場外で労働した場合（直行・直帰型）

直　行 → **事業場外労働（　休　憩　）事業場外労働** → **直　帰**
12:00〜13:00

※通常必要時間が所定労働時間以内であれば、所定労働時間の8時間労働したとみなす。ただし、勤務実態を労使で協議した結果、常態として9時間かかるような場合、通常必要な時間として「9時間」とみなす。

◇1日の労働時間の「一部」について事業場外で労働した場合

8:00　9:00
事業場内労働　**（　休　憩　）事業場外労働** → **直　帰**
12:00〜13:00

※午前中に内勤をおこなった後、午後に外勤に出て、そのまま直帰するケース。
　外勤の通常必要時間を5時間とみなした場合、内勤（3時間）を合計して8時間とみなす。ただし、例えば早出などで内勤に4時間要した場合、「5時間労働したとみなした外勤」と別途把握した内勤の4時間」を合計して、1日の労働時間は9時間となる（1時間の残業）。

◎休憩・深夜業・休日の規定は排除されない

事業場外労働のみなし労働時間制が適用される場合でも、休憩、深夜業、休日に関する規定は適用されます。みなし労働時間が1日8時間の法定労働時間を超える場合には時間外労働となるため、25％増以上の割増賃金の支払いが必要です。休日労働についても、法定休日（1週1日）の場合には、35％増以上の割増賃金を支払う必要があります。

事業場外の労働は、深夜労働の規定（労働基準法第37条第4項）が適用されるため、午後10時から午前5時までの間に労働したときは、その時間について25％増以上の割増賃金を支払う必要があります。

ただし、事業場外労働はそもそも労働時間の算定が困難なため、社員の自己申告に頼らざるを得ない面があるため、導入する場合は休日労働や深夜労働は原則禁止とすべきでしょう。

自宅でテレワーク！
在宅勤務で「みなし労働」が認められる３要件

※厚生労働省のパンフレットより抜粋

①業務が、起居寝食等私生活を営む自宅でおこなわれること

②パソコン等が、会社の指示で常時通信可能な状態になっていないこと

労働者が自分の意思で通信可能な状態を切断することが使用者から認められていない場合は「使用者の指示で常時通信可能」な状態となる。

なお、単に回線が接続されているだけで労働者がパソコンから離れることが自由である場合などは「通信可能な状態」には該当しない。

③業務が、随時会社の具体的な指示に基づいておこなわれていないこと

ポイント！ **労働契約において、「午前９時～12時までを勤務時間とする」「自宅内で仕事を専用とする個室を確保すること」というように、勤務時間帯と日常生活時間帯が混在しないような措置を講ずること等の取り決めがなされ、随時会社の具体的な指示に基づいて業務がおこなわれるような場合は、事業場外労働に関するみなし労働時間制は認められない。**

◎みなしたものの、実態とかけ離れている！

事業場外労働のみなし労働時間制を適用した場合、みなし時間より長く働いたとしてもみなした時間は変更されないのがこの制度の原則です。

しかし、業務量が急激に増えたなどで、みなし時間と実際の労働時間がかけ離れているような場合は、実態に合わせてみなし時間を長く設定し直すことになります。

あくまでも「みなし時間」は会社の所定労働時間の範囲内にとどめるようにして、これを超える部分は所定外労働として取り扱う方法によりトラブルは避けられます。

実際、「みなし」という意味を悪用して、事業場外労働が実質的に法定労働時間を超えるような時間外労働であっても、「8時間労働したものとみなす」というルールで運用して問題となった裁判例も数多くあります。

また、昨今の情報端末技術の発達により、事業場外労働に従事する労働者を管理しやすくなってきているため、労働者の自由裁量がなくならないよう、導入する際は労使で協議してルールをつくる必要があります。

事業場外労働の
みなし労働時間制の注意点

●みなし時間をどの程度にするのかが重要

事業場外業務の実態について労使で十分に話し合い、実際の労働時間とかけ離れた「みなし時間」を設定しない。

●みなす労働時間によって残業代が発生する

「労働したものとみなす時間」が法定労働時間を超える場合、超えた時間に対しては時間外労働の割増賃金を支払う。

●深夜・休日労働は原則禁止とする

深夜・休日労働が必要な場合でも上司による「許可制」にする。

●業務内容などを明確にする

自宅でテレワークおこなう場合にみなし労働時間制を利用するときは、業務内容や業務遂行方法などをあらかじめ労使間で取り決めておく。

●社員の健康管理に留意する

自宅でテレワークをおこなう場合にみなし労働時間制を利用するときは、労働者も健康に十分注意して自律的に働き、会社は必要な健康診断をおこなうしくみを整備する。

9 多様な人材確保の切り札になり得る?

■短時間正社員制度のルールづくり

社員が働き続けられる職場環境づくりは、働き方の改革に欠かせない視点です。育児や介護などを理由に、正社員から勤務時間の短いパート勤務に変更するケースがあります。家庭の状況によっては、離職を余儀なくされることも少なくありません。

正社員の身分のまま短時間勤務ができるなど、多様な勤務形態が会社にあると、人材は定着しやすくなります。

こうした「**短時間正社員**」は、ワーク・ライフ・バランスの実現と、人材確保のための一助となることが期待されています。

育児だけでなく、親の介護や自己啓発、心身の不調などさまざまな事情により、フルタイム正社員としての働き方では十分に活躍できない、時間に制約がある人材が増えています。短時間正社員制度は、就業意識の多様化が見られる中で、これまで育児や介護などの制約により就業の継続ができなかった人、就業の機会を得られなかった人たちの就業機会を増やすことを可能とする働き方です。

少子高齢社会の到来により労働力人口が減少しつつある中で、企業としては、こうした時間に制約がある人材も含めて、意欲・能力の高い人材を確保・活用していく必要性も高まっています。

短時間正社員制度は、制度と言っても、フレックスタイム制や裁量労働制と違い、法律に基づいた制度を利用するわけではありません。一般的に以下のプロセスで導入します。

●導入の目的を明確にする

●職務内容や適用期間など、短時間正社員に期待する「役割」をよく検討する

●人事評価や賃金などの「労働条件」をよく検討する

●将来的なフルタイム正社員への復帰・転換について検討する

短時間正社員にもさまざまな勤務形態がありますが、実際に導入している企業をみると、主に次の2つのタイプにわかれます。

①勤務時間短縮型……1日6時間勤務×週5日

②勤務日数短縮型……所定労働時間（8時間など）×週4日

②はいわば「休日拡充型」です。業種や職種によっては、「毎日働けるけどみんなより早く帰る人」よりも、「毎日はいないけど、いるときはフルタイムで働ける人」のほうが活躍しやすいケースもあります。

短時間正社員制度を導入している職場では、勤務時間数に比例して基本給を減じるのが一般的であるため、子育て中の社員を除けばそれほど希望者殺到という状況にはならないようです。しかし、希望すれば誰でもというのでは経営的にリスクがありま す。そこで、導入にあたり、「短日数（週休3日型）を促進する」「対象を限定する」ことを検討する余地もあります。

◎週休3日型の短時間正社員制度

週休3日型は、〝早退〟する印象が強い勤務時間短縮型よりも戦力として活躍しやすい面があります。育児短時間勤務制度（育児・介護休業法）のように、法令に基づいた制度を利用しているのに、職場内はで「使いづらい」と言われ、本人は「帰りづらい」と感じてしまうこともあります。シフト制の職場なら、勤務日数は少なくても、途中でいなくなるより1日働いてくれたほうがシフトも組みやすいようです。

◎対象を限定した短時間正社員制度

例えば、医療の現場です。ある病院では、「病院のニーズに合った人材」「病院が必要とするスキルを持った人材」に限定して、短時間正職員制度を適用しています。こうした人材が育児や介護等の理由で離職を余儀なくされることを防ぐためです。

勤務形態は、所定労働時間働く「週休3日型」です。

○認定看護師……地方に住む親の介護のために適用。本人は離職を考えたが、病院で必須の人材だったため、制度を適用。

○教育研修センター職員……研修センターの専従職員。常勤採用→非常勤（子育て期間中）↓短時間正職員と雇用形態を変えてきている。

○女性医師……概ね好評で女性医師が増えた。

「短時間＝パート」の概念を打破するには、それなりの経営戦略が必要です。

コーヒーブレイク！★休憩時間のルール③

休憩時間を分割付与、取り方を個人に委ねるのは問題

分割で与えてもOK

業務の都合などで休憩時間を分割付与するのは問題ありません。1時間の休憩時間を45分と15分に分割して与えるケースもあります。ただし、「5分」など極端に短い時間では、「自由利用の原則」に反するときもあり、休憩を与えたことにならない場合があります。

社員の自由に任せる？

小売業などは休憩の一斉付与の例外とされ、社員ごとに交代で与えることが認められています。ただし、休憩のタイミングを社員に委ねてしまうと忙しいときは休憩を取り損ねてしまうことがあるため、交代制であっても、店長など現場責任者が社員個々の休憩時間を管理する必要があります。

たばこ休憩は不公平？

決められた休憩時間以外の時間のたばこ休憩は、職場風紀を乱すこともあります。喫煙場所までの往復時間や雑談している時間を合わせると、普通に10分程度費やす場合もあり、たばこを吸わない社員との不公平感も生じます。所定の休憩時間以外は喫煙を控えるよう指導するなど、一定のルールをつくる必要があります。

第4章

「休み方改革」のルールづくりのツボ

1　「休み方」を改革して最高の職場をつくろう

働き方改革は「休み方改革」でもあります。効率よく働いて、休日はゆっくりと休める勤務職場づくりは、最高の職場づくりに欠かせない視点です。

◎「会社に望むのは給料よりも休日」

三菱ＵＦＪリサーチ＆コンサルティングが５月に公表した「２０１７年度新入社員意識調査アンケート結果」をみると、平成16年の調査時開始以来、初めて「休日」が「給料」を逆転しました。

新入社員が会社に望むことは、「人間関係が良い」が最多ですが、「自分の能力の発揮、向上ができる」ことを望む新入社員の割合は減少、逆に「残業がない、休日が増える」「私生活に干渉されない」ことを望む割合が増加したということです。

ワーク・ライフ・バランスが重要視されるとともに、今の若い人には上昇志向の薄れという特徴も見られるようです。

企業の経営者や管理職の方と話していると、最近の新人は、「残業代が出ないなら残業はしません」「休めないなら辞めます」と平気で言ってくる人もいると言います。ハローワークの職員も、最近は「休日は多いか」「有給休暇が取りやすいか」を給与の項目以上に重視する若い人が多いと言います。

ワーク・ライフ・バランス重視の風潮は、高校の部活動にも波及しています。猛練習で有名なスポーツ強豪校が日曜日をオフにし、平日の練習も特別に休める年休制度(年間10日)を導入して話題になりました。部活動を指導する教員の働き方改革が課題となっている中で、スポーツ庁も有識者による部活動のあり方に関する検討会議を5月に初開催しました。

「有給休暇は1年目から取るものじゃない」「1年目から休みを取りすぎ」

古い体質の職場や上司の〝暗黙のルール〟や小言は時代錯誤かもしれません。

しかし、自分本位で自由に休みが取れる職場環境が働きやすい環境とは限りません。**休み方ほど社員間の「不公平感」が出るものはありません。**職場の風紀を維持しながら、休みが取りやすいルールづくりが必要です。

2　今さら誰にも聞けない「休日」の決まり①

■休日は「1週間に1日」与えれば適法

週休2日が当たり前の時代です。でも、法律上、休日は「1週間に1日」与えればよいことになっています。これを「**法定休日**」と言います。

法律では休日は1日でいいと言ってくれているのに、週休2日にしている会社が多いのはなぜでしょうか？

思い出してください。「1日8時間　週40時間」の法定労働時間を。1日の所定労働時間が8時間の会社が週40時間の上限を守るためには、週に5日しか働かせることができません。しかし、例えば1日6時間勤務のパート・アルバイトであれば週6日働いてもらうことができます。これが法定休日と法定労働時間の関係です。

ただ、休日のルールにも例外があります。例えば、シフト制で毎月休日が異なるようなケースでは、「4週間を通じて4日」与えればよいとされています。これを「変形休日制」と言います。

本当は、休日は「週１日」でＯＫ

①「使用者は、労働者に対して、**毎週**少なくとも**１回**の休日を与えなければならない。」（法定休日の原則）

②「前項の規定は、**４週間**を通じ**４日以上**の休日を与える使用者については適用しない。」（変形休日制）
【労働基準法 35 条】

●休日付与の例

原則 週1日	第１週							第２週							第３週							第４週						
	日	月	火	水	木	金	土	日	月	火	水	木	金	土	日	月	火	水	木	金	土	日	月	火	水	木	金	土
	休							休							休							休						

変形休日 4週4日	４週間																											
	日	月	火	水	木	金	土	日	月	火	水	木	金	土	日	月	火	水	木	金	土	日	月	火	水	木	金	土
													休	休											休	休		

変形休日制は、毎週決まった休みが取りにくい業種・業務において活用されている。特定の4週間に4日の休日があればよい。毎月休日が変わるシフト勤務で多用され、一般的には変形労働時間制と併用される。

3　今さら誰にも聞けない「休日」の決まり②

■「休日」と「休暇」の違いを知っておこう

「土曜・日曜・祝日　夏季休暇3日・年末年始5日　有給休暇10日」

求人広告で見かける休日欄の表記です。この中で、与えることが義務付けられている有給休暇は、他の休日とは法律的な意味合いが違います。

「休日」は、労働の義務がない日です。ノーワーク・ノーペイの原則により、給料は支払われません。

「休暇」は、労働義務があるが、それを免除された日です。休暇には、有給休暇のように与えることが義務付けられた休暇（法定休暇）と、慶弔休暇や夏季休暇など会社が自由に設けられる休暇があります。

また、給料について、休暇の中で給与の支払いが義務付けられているのは有給休暇だけです。それ以外の休暇については、有給とするか無給とするかは会社が自由に決められます。

休日と休暇の違い

「休日」……労働の義務がない日

「休暇」……労働義務はあるが免除された日

≪法定休暇≫
※社員から請求されたら与えることが義務付けられている休暇
①年次有給休暇 → 有給
②生理休暇 → 無給でも有給でもよい
③子の看護休暇 → 無給でも有給でもよい
④介護休暇 → 無給でも有給でもよい

●どの日が法定休日か？
「1週1日」の法的休日について、就業規則で特定していなければ(特定しているケースは少ない)、暦週（日～土）の日曜日と土曜日の両方に出勤した場合は、その暦週で後順に位置する休日出勤が法定休日労働となる（3割5分の割増賃金を付加する)。

●土・日休みの週休2日制で法定休日を特定していない場合

	日	月	火	水	木	金	土
第1週	1	2	3	4	5	6	7
	休	出	出	出	出	出	**休**
第2週	8	9	10	11	12	13	14
	出	出	出	出	出	出	出

第2週は所定休日の日曜と土曜の両方休日出勤となった。この場合、後順に位置する14日（土）が法定休日となる

4 「振休」と「代休」をごちゃごちゃにしていませんか

■「休み方」のルールづくり①

休日に働いた場合、他の平日に代休を取れる会社も多いと思います。

このルールを「休日振替」とか「代休」という言い方をしますが、両者は全く別物です。実は、休日振替と代休を明確に区別して運用している会社はそう多くないように思います。

休日振替は労働基準法に基づいた制度であって、代休は設けるか設けないか会社が自由に決められる制度というのが大きな違いです。

両者の違いをひと言で言うと、「休日振替は〝事前の振替え〟で、代休は〝事後の振替え〟」という点で法律上の扱いが異なります。

◎休日振替

日曜日など所定の「休日」と「労働日」を単純に入れ替えることです。

例えば、日曜日と同じ週の火曜日を入れ替えます。そうすると、もともと休日だった日曜日が労働日となり、火曜日が休日になります。だから労働日となった日曜日に働いても休日労働扱いにはなりません。休日割増を支払う必要もありません。

ただし、他の週に休日を振り替えた場合、振り替えた週の労働時間が40時間を超えたときは、週の時間外労働に対する割増賃金を支払う必要があります。

また、休日の振り替えをおこなうときは、①就業規則に規定して、②振り替える日を前日までに指定するなどの要件があります。

◎代休

休日振替との違いは、すでに休日出勤をした後の処理方法です。実際に休日労働をした後に、その代償として他の日に休ませることです。

ただし、後で休日を与えたといっても、休日労働はすでにおこなわれているため、その日が法定休日であれば3割5分の割増部分の支払いは必要です。

また、代休は任意規定なので、代休を与えるか与えないかは会社が自由に決められます。

代休を制度として運用する場合は、法定休日割増のみを支払うのかどうかも含めて、きちんと就業規則へ規定しておきましょう。

その際、代休が与えられない状況があることも考慮して、「所属長の判断により代休を与えることがある」というような規定の仕方にしておくとよいでしょう。

以上が両者の違いです。

休日出勤することが前もってわかっている場合は、休日振替で処理するほうがスムーズでしょう。

急な欠勤や業務の都合で休日出勤を余儀なくされ、後日休めるときに休むというような場合は、事後の振り替えである「代休」として運用すべきケースが多いのではないでしょうか。

振替休日と代休の区別を知っておこう

項目	振替休日	代休
制度の内容	休日と定めた日を労働日とし、代わりに他の労働日を休日にすること。社員の同意が必要	休日振替の手続きをとらずに、休日労働をおこなわせた後に、その代償として他の日に休日を与えること
おこなわれる場合の要件	・就業規則に振替休日の規定があること ・前日までに振替日を指定すること ・振替休日は、できるだけ近接した日が望ましい	任意の規定なので、代休を与えるか与えないか、代休日を無給とするか有給とするかは使用者が自由に決められる
振り替え後の日または代休の指定	あらかじめ会社が指定する	会社が指定しても、社員が申請する方式にしてもどちらでもよい
賃金の支払い	振り替えた休日が同一週の場合、休日割増賃金は発生しない。ただし、休日の振り替えにより週の法定労働時間を超えた場合には、この部分について時間外割増賃金が必要になる	休日の出勤日ついては割増賃金の支払いが必要（法定休日の場合）。休日出勤が所定休日の場合でも、休日出勤によって週40時間を超える法 定時間外労働が発生すれば時間外割増賃金の支払いが必要

5　代休は「必ず取る」ためにルール化しよう

■「休み方」のルールづくり②

会社に代休制度はあるけど、忙しくて取ったことがない。

人手不足で、制度はあってもなかなか取れない。

社員に代休を取らせたいが、現場の人間はなかなか取ってくれない。


代休は任意の規定のため、就業規則や個別の労働契約上の根拠規定があれば、どのような条件で付与するかはもちろん、所属長が「来週の水曜日は暇だから代休を取りなさい」と、代休日を指定することも、会社が自由に決められます。

ただし、労働契約上の根拠が必要になるため、就業規則に規定しておく必要はあります。

代休をいつまでに取ればいいのかという、取得期限についても法律上のルールはありません。ただ、取得期限を設けずに「取れる時に取ればいいや」としたり、「半年以内に」といった具合に取得期限が長すぎると、代休の取得促進につながりません。制度として設ける意味がありませんし、健康管理の観点からも望ましくはないです。

また、給与計算の便宜上、代休はできるだけ休日勤務した日と同一の賃金計算期間に取得させるようにしたほうがよいでしょう。それが無理でもせめて2ヶ月以内くらいまでに取得させないと、制度そのものが形骸化してしまいます。

制度として設けるならば、社員に代休の目的や賃金との関係を理解させることが大切です。そして、期限設定以外に、代休の取得促進につながるようなしくみにすることが必要です。運用ポイントいくつかを挙げておきましょう。

①きちんと制度化する

社員からの申請方式にすると、仕事に追われて代休を取得しないケースが多いものです。時間外・休日労働が一定時間数に達したら、必ず代休を取得させるなど制度化すると実効性が高まります。

②付与基準を明確にする

時間外・休日労働の時間数が「月間○時間に達した場合に○日付与する」というよ

うに、付与基準を明確にすることで、本人はもちろん、所属長も指示しやすくなります。

③即日で代休取得日を社員に決めさせる

休日労働をおこなった時点で、代休を取得する予定日を社員に決めさせる。

④「半日代休」を運用してみる

有給休暇の「半日年休」とは別物です。あくまで代休を半日単位で与えるという趣旨です。これは、「代休を取りたくても丸一日休める状況にない」という場合に実効性があり、総労働時間の削減の一助にもなります。

ただし、暦日休日制の趣旨には反するものなので、半日代休を制度運用するとしても「社員の希望」により付与するほうが良いでしょう。

なお、休日労働が常態化しているときは、変形労働時間制を導入して、業務の繁閑に合わせて月ごとに休日を設定するようにすれば休日労働を減らせます。

代休制度の規定例
時間外労働・休日労働が一定以上に達した場合に付与するケース

第○条（代休の定義）

この規定において「代休制度」とは、時間外・休日出勤の時間が一定以上に達した社員に対して、代休を付与する制度をいう。

第○条（代休付与の基準）

代休の付与基準は次のとおりとする。

①１か月の時間外労働が10時間を超え20時間未満、もしくは休日出勤を１回おこなったときに、代休１日

②１か月の時間外労働が20時間以上30時間未満、もしくは休日出勤を２回おこなったときに、代休２日

③１か月の時間外労働が30時間以上、もしくは休日出勤を３回以上おこなったときに、代休３日

第○条（代休付与期間）

代休は時間外労働もしくは休日出勤を行った月の翌月○日～○日の間に付与するものとする。

第○条（代休取得）

特別の事情がない限り代休取得しないことは認めない。

6 休めなかったときの「休日の買い上げ」

■「休み方」のルールづくり③

休日出勤をしたけど忙しくて休めない。会社には代休の制度もない。そんなときのルールづくりの話です。

人手不足で未消化の休日が発生すると会社が休日を買い上げるケースがあります。「買い上げる」というのは、休日出勤した分の給料をちゃんと支払うということです。ただし、休日出勤した日が法定休日か所定休日かによって処理方法が違います。

週1日の法定休日を与えられないときには休日労働の割増賃金の支払いが必要です。土日が休日の週休2日の会社で、土日とも勤務した場合、どちらか一方が法定休日労働となり、休日割増（3割5分以上）を付加して支払います。所定休日の場合は通常の賃金1日分を支払えば足ります。

ただし、買い上げる約束で休日を与えないのはルール違反です。法の趣旨に反します。「どうしても休めなかった」場合の例外的な取り扱いと考えましょう。

【年間休日数のマメ知識】

◇1企業平均休日数　108日

※最多：情報通信業　121.9日

※最少：宿泊業,飲食サービス業　95.7日

【平成28年就労条件総合調査】

◇カレンダー通りの休み（土・日・祝日休み）　120日

※サラリーマンの平均的な年間休日数

◇1日8時間労働の場合の年間休日数の下限　105日

※1日8時間、週40時間の法定労働時間をフルで働いた場合

◇変形労働時間制を導入した場合の年間休日数の下限　85日

※1か月単位の変形労働時間において、4週6休、所定労働時間次第では85日以下のケースもある

7　今さら誰にも聞けない「有給休暇」の決まり

フレキシブルで自由度の高い働き方ができる。年次有給休暇（以下、有給休暇。「年休」ともいう）も自由に取れるとなれば、社員の会社満足度はぐんと高まります。

ただ、社員の「小さな不満」の温床になりやすい、労使の「些細なトラブル」を引き起こしやすいというのも有給休暇の特性です。

「休む人と休めない人がいて不公平」

「新人のくせに有給を取りすぎ」

「辞める時になって20日分まとめて消化」

こうしたことはしょっちゅうあります。有給休暇のルールこそ、しっかりとつくり、社員に周知徹底する必要があります。

また、有給休暇は、単に取得率を増やそうとしても簡単には増えません。業務改善をおこない、残業を削減することと併せて施策を講じる必要があります。

有給休暇の付与日数表

①**通常労働者**（週所定労働日数５日以上または週所定労働時間30時間以上）

継続勤務年数	0.5	1.5	2.5	3.5	4.5	5.5	6.5以上
付与日数	**10日**	11日	12日	14日	16日	18日	**20日**

②週所定労働日数**４日以下**かつ週所定労働時間**30時間未満**の労働者

	週所定労働日数	１年間の所定労働日数※	継続勤務年数						
			0.5	1.5	2.5	3.5	4.5	5.5	6.5以上
付与日数	４日	169日～216日	７日	８日	９日	10日	12日	13日	15日
	３日	121日～168日	５日	６日	６日	８日	９日	10日	11日
	２日	73日～120日	３日	４日	４日	５日	６日	６日	７日
	１日	48日～72日	１日	２日	２日	２日	３日	３日	３日

※週以外の期間によって労働日数が定められている場合

週５日勤務のパート・アルバイトは、
①の通常労働者と同じ日数が付与される

8　消化できなかった有給休暇の買い上げルール

■「休み方」のルールづくり④

有給休暇を消化できずに捨てる（消滅する）ケースがよくあります。この消化できなかった有給休暇を買い取ることは法的に認められるかどうかという相談をよく受けます。社員から要望があるからです。

結論から言えば、限定的な場面でのみ可能ということになります。

有給休暇の買い上げについての法解釈はこうです。

「年次有給休暇の買上げの予約をし、これに基づいて法第39条の規定により請求し得る年次有給休暇の日数を減じないし請求された日数を与えないことは、法第39条の違反である。」（昭和30・11・30基収4718号）

つまり、買い上げを認めてしまうと、買い上げることを条件に社員からの有給休暇の請求を拒んだり、逆に、買い上げてもらうことを目的に社員があえて有給休暇を取らないということが起こり得るわけです。

しかしこれにも例外があります。結果的に消化できなかった有給休暇について、限定的に買い上げが認められている場面が2つあります。

①2年の時効により消滅した未消化年休

有給休暇の権利は、権利が発生した日から2年で時効により消滅します。時効によって請求できなくなった有給休暇を買い上げても違反にはなりません。

②退職により請求不可能となる残余年休

法的根拠はこうです。

「労働者が年次有給休暇を行使せず、その後時効、退職等の理由でこれが消滅するような場合に、残日数に応じて調整的に金銭の給付をすることは、事前の買上げと異なるのであって、必ずしも法第39条に違反するものではない。」（労基法コンメンタール）

退職日までの未消化の年休をすべて請求されてしまうと、「他の日にしてほしい」という時季変更権を行使する余地がなく、申請された有給休暇を与えるしかありません。退職時あるいは退職後に有給休暇の残日数に応じて買い上げるものであれば違反とはなりません。

ただし、有給休暇の買い上げはあくまで例外的な対応とすべきです。「辞める時に有給休暇を買い取ってくれる」ことが社内で既成事実化してしまうと、有給休暇の取得を阻害することにもなりかねません。

なお、「入社初年度に12日付与」といった法定を上回る分（このケースでは2日分）については、法律の規制外なので、買い上げることも、いくらで買い上げるかも会社の裁量で決められます。


政府は現在、有休取得率について「２０２０年までに70％」を掲げていますが、取得率は全国平均で48・7％（平成28年就労条件総合調査）と、50％に満たない状況がずっと続いています。取得率は従業員規模が小さいほど代替要員がいないため、有休休暇が取得しにくい勤務環境にあります。

有給休暇の賃金の支払いは3パターンある

①**平均賃金**
②所定労働時間労働した場合に支払われる**通常の賃金**
③健康保険法に定める標準報酬日額に相当する金額

【労働基準法39条７項】

一般的には、②の「通常の賃金」が多い。

月給制の社員の実務上の処理

月給制の社員について「通常の賃金」で支払う場合、実務上は計算事務の簡素化のため、有給休暇を取得した日は出勤をしたものとして取り扱うだけでよい。

時給制のアルバイトの場合は？

「通常の賃金」で支払う場合、その時給に有給休暇を取得した日の所定労働時間に時給を乗じた金額。その日が６時間勤務で時給1000円なら6000円となる。その日が８時間勤務なら８時間を乗じる。

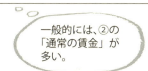

9 「辞める時の大量消化」をどう阻止するか

■「休み方」のルールづくり⑤

社員が退職するとき、〝素敵な職場〟とはどういうところでしょうか。

引き継ぎ等を終えたら残している有給休暇を使って、ゆっくりと休暇を取るよう社員に促します。社員は業務に支障がないように退職を早めに伝え、引き継ぎを終えて休暇に入り、次のステップへの準備をする……。

では、〝残念な職場〟ではどうでしょうか。

「こんな会社とっとと辞めてやる！」という気持ちがすべてを支配しています。有給休暇を20日以上残している場合、残り全部の取得を請求します。引き継ぎもしないで出社しなくなるケースもあります。だって、当然の権利なんですから……。

こうした相談やトラブルは日常茶飯事です。相談者には、「基本、防御策はないですよ」と真っ先に伝えます。

前述したように、有給休暇は、退職日を超えて時季変更権は行使できません。「別の日にしてほしい」という「別の日」が退職によって存在しないからです。

例えば、30日後に退職予定の職員が、有給休暇を繰越し分も含めて25日分残し、退職日までの全労働日について年休を請求してきた場合、「事業の正常な運営を妨げる場合」であっても、時季変更権は行使できません。解雇の場合も同様です。

しかし、業務の引き継ぎや後任者の選定、採用などのため、何日かでも出勤してもらわなければ困るという場合もあります。そこで、実務上の対応策としては以下の2つのパターンが考えられます。

①引き継ぎの日数分退職日を遅らせる

本人が同意してくれることが前提ですが、引き継ぎに必要な日数分勤務してもらい、退職日を遅らせる。会社の実情と業務引き継ぎの重要性を十分に説明し、ひたすら良心に訴えます。

②引き継ぎをさせた上で未消化分を買い上げる

退職日は変えずに、引き継ぎに必要な日数分勤務してもらう。残りを消化してもらい、消化できなかった分は買い上げる。あるいはすべての有給休暇を買い上げて、退職日まで勤務してもらう。ただし、買い上げを強要しないように注意しましょう。

ほかに、就業規則に基づいて、引き継ぎをしない場合には制裁をおこなうことも考えられますが、「退職時は所定の引き継ぎをしなければならない」旨の規定がすでにあることが必要ですし、辞める人間にどこまで制裁を科せるかも実効性の面で疑問です。

参考までに就業規則には以下のように規定します。

第○条（退職手続）

1　社員が自己の都合により退職しようとするときは、少なくとも1ヶ月以上前に退職願を提出しなければならない。この場合、社員は担当業務に支障を与えない相当な期間以前に申し出を行うように努めるものとする。

2　前項の規定により退職する者は、所属長の指示により、退職日までの間に業務の引き継ぎをしなければならない。

残念な職場のように、会社に大いなる不満があって、社員の態度に取り付く島もないような場合は何を言っても時間の無駄でしょう。

会社の中には、「有給休暇の退職時の一括消化は認めない」ことを〝暗黙のルール〟としているところがありますが、間違いなくトラブルの元です。本人が辞めることで人手の問題で困りそうなら他部署の協力も得て対応すべきでしょう。

このように、退職時にまとめて請求されて困ることがないように、後述する有給休暇の「計画的付与」や「時間単位年休」を採用するなどして、有給休暇を取得しやすい環境を整備することです。

また、退職時に限らず、社員が突然「10日間の年休をください」と申し出て来る場合があります。このような場合、通常は業務に支障が出ることから、時季変更権を行使して日数を短縮してもらうなどの相談をするのが普通でしょう。こうしたケースに備えて、例えば、「3日以上連続して休暇を取得することを希望する場合には、2ケ月以上前に申請すること」とルール化して、社員に周知徹底する必要があります。

10 会社が休暇日を指定できる「計画的付与」

■「休み方」のルールづくり⑥

人員不足で有給休暇の取得がままならない会社が多い中で、有給休暇の取得促進のため「計画的付与」という制度が認められています。「計画年休」とも言います。

有給休暇の法的な取得ルールは、社員の「○月○日に有給を取りたいんですが」（時季指定権）という申し出に対して、会社（上司）が「その日は都合が悪いから他の日にしてくれないか」（時季変更権）とお願いするという関係にあります。ですから、有給休暇を取るか取らないかは基本的に労働者側の権利が強いのです。

しかし、例外的に「この日は有給休暇に充てるから」と会社側がイニシアティブを取ることが認められています。それが「計画的付与」です。

「使用者は、労使協定により、有給休暇を与える時季に関する定めをしたときは、有給休暇の日数のうち（繰越分も含めて）5日を超える部分については、労働者の時季

指定権と使用者の時季変更権の規定にかかわらず、その定めにより有給休暇を与えることができる。」（労働基準法39条6項）

例えば、有給休暇の残日数が繰り越し分も含めて15日ある社員に対しては、10日までを計画的付与の対象とすることができます。付与の方法は3パターンあります。

①事業場一斉付与方式

②班別交替制付与方式

③個人別付与方式

24時間・365日稼働している業種の場合、個人別付与方式を運用するのが一般的です。

例えば、病棟に勤務する看護職の場合、毎月勤務シフトをつくる際、職員の希望を聞きながら、所属長が調整して休日や有給休暇をあてていきます。この場合、不公平感が生じやすいため、「休みの希望は月2日まで」といったルールで運用するのが一般的です。

この場合、1ヶ月月単位ではなく、3ヶ月単位など、長めのスパンで公平になるように調整したほうが有給休暇の取得日数の偏りを減らすことができます。

有給休暇の「計画的付与」のパターン

パターン①「大型連休型」

夏季休暇、年末年始に計画的付与を組み合わせて
大型連休にする。

8月 夏季休暇、土日祝日と連続休暇にする

日	月	火	水	木	金	土
		1	2	3	4	5
6	7	8	9	10	11	12
13	14	15	16	17	18	19
20	21	22	23	24	25	26
27	28	29	30	31		

□の14日～16日は夏季休暇
■の17日・18日は計画的付与

パターン②「ブリッジホリデー型」

暦の関係で休日が飛び石になっている場合に
計画的付与を組み合わせて3連休、4連休にする。

11月 祝日の 23 日と所定休日の土曜日の間の 24 日を
ブリッジホリデーとして 4 連休にする

日	月	火	水	木	金	土
			1	2	3	4
5	6	7	8	9	10	11
12	13	14	15	16	17	18
19	20	21	22	23	24	25
26	27	28	29	30		

■の24日を計画的付与とする

計画的付与の協定例
〈個人別付与方式〉

年次有給休暇の計画的付与に関する労使協定

医療法人社団○○会（以下、「当院」という。）と職員代表○○○○は、年次有給休暇の計画的付与に関して次のとおり協定する。

1　当院の職員が保有する平成○年度の年次有給休暇（以下「年休」という。）のうち、５日を超える部分については６日を限度として計画的に付与するものとする。

2　年休の計画的付与の期間及びその日数は、次のとおりとする。
前期＝４月～９月の間で３日間
後期＝10月～翌年３月の間で３日間

3　各個人別の年休付与計画表は、各回の休暇対象期間が始まる２週間前までに所属長が作成し、通知する。

4　各所属長は、所属職員の年休取得希望日が特定の日に集中し、業務の正常な運営に支障を与えるおそれがあると認められた場合には、職員に対して希望日の変更を求めることができる。各所属長は、希望日の変更を求める場合は○○までに従業員にその旨通知するものとする。

5　本年度の年休の日数から５日を控除した日数が「５日」に満たない職員に対しては、その不足する日数の限度で、第２項の期間中に特別有給休暇を与える。

6　各所属長は、所属職員の年次有給休暇表を作成し、従業員に提示するものとする。

平成○年○月○日
医療法人社団○○会　○○病院
理事長　○○○○　印
職員代表　○○○○　印

11 「子供の用事で2時間だけ」が便利な時間単位年休

■「休み方」のルールづくり⑦

有給休暇の「半日単位」での取得を認めている会社は多いと思いますが、「時間単位」での取得を認めている会社は意外に少ないように思います。

子供の学校行事や体調不良で病院に寄りたいというときに、2時間だけとか、勝手がよいため、子育てしながら働く女性のニーズが高いと言われます。

時間単位年休は、残日数・時間などの管理が煩雑になるためか、採用に後ろ向きの事務担当者が多いように思います。ただ、残日数・時間の管理は部署単位でおこなえば事務部門の対応も少しは違うのではないでしょうか。部署単位で「年次有給休暇管理簿」などを社員個々に用意し、取得希望日・時間、残日数・時間などを社員自身で記入し、上司の承認を得るといった方法が一般的です。

半日単位と時間単位を併用しているケースもありますが、管理のしやすさを考慮して時間単位年休を採用する際に半日年休をなくすケースもあります。

時間単位年休の運用ルールづくり【労働基準法39条4項】

◇時間帯年休とは

労使協定を締結し、1年間の有給休暇日数のうち、繰り越し分も含めて「5日」を限度に時間単位で付与することができる。

◇労使協定の締結事項

①対象労働者の範囲
②時間単位年休の日数（5日以内）
③時間単位年休の1日の時間数
④1時間以外の時間を単位とする場合はその時間数

※1時間以外の時間については、2時間、3時間、4時間といった時間で設定するが、30分単位など1時間に満たない時間設定は認められていない。

チェック！

【「1日の時間数」に注意!】

1日の所定労働時間が7時間30分の職場で、5日分の時間単位年休とする場合、7時間30分を8時間に切り上げる。

8時間×5日＝40時間が上限となる。

※7時間30分×5日＝37時間30分を切り上げて38時間は認められない。

12 有給休暇を安易な遅刻や欠勤に使わせないルール

■「休み方」のルールづくり⑧

体調不良などで当日欠勤した場合でも、欠勤日を有給休暇にあてることを認めている会社があります。

逆に、一切認めない会社もあります。法的にどちらの対応が適切かと言えば、「どちらも正しい」ということになります。

有給休暇の事後振り替えを認めるか否かについて法律上の定めは特にありません。認めることも認めないことも会社が自由に決められます。終業規則に有給休暇の事後振り替えを認める規定があるか、就業規則に規定がなくても昔から慣行として認めているかどうかによります。

欠勤の理由が体調不良や交通事情というのならまだしも、寝坊を理由に欠勤遅刻した社員が安易に申請することを避けるため、事後振替えを認めない会社もあります。

また、時間単位年休は1時間単位で採用できますが、遅刻等の安易な利用を避けるため、2時間単位で認める会社もあります。なぜならば、30分程度の遅刻の場合、1時間の年休はあてても、2時間の年休はもったいなくて使いづらいからです。

コーヒーブレイク！★就業規則の基礎のキソ

●従業員10人以上で作成・届出の義務あり

常時10人以上の労働者を使用する会社は、就業規則を作成し、所轄の労働基準監督署に届け出なければいけません。

●「常時10人以上」とは？

「常時10人以上」とは、「常態として10人以上」ということで、時には10人未満になる場合も含まれる。逆に、忙しい時期は10人を超えることがあるけれど普段は10人未満という場合は、業規則の作成・届出義務は生じない。何人出勤しているかではなく、「何人雇用しているか」で判断される。

●10人未満でも作成したら「周知」する

労使トラブル防止の観点から、従業員が10人未満でも就業規則を作成するのがベター。ただし、就業規則を作成したら周知義務（労基法106条1項）が発生します。

●就業規則の効力は「周知」された日から

就業規則を作成したら労基署に届けなければいけませんが、届け出ればＯＫではありません。就業規則が法律上の拘束力を持つためには従業員に周知させる手続が必要です。周知の方法は、「従業員がいつでも就業規則の存在や内容を知り得るようにしておくこと」がポイント。掲示、事務所等に備え付け、書面交付、イントラネットでの閲覧などさまざま。入社時に読み合わせをするケースもあります。

第5章

「パワハラ撲滅宣言職場」のルールづくり

1　こんな残念な職場にパワハラははびこる

長時間労働で社員が疲弊している職場ほどパワーハラスメント（以下、パワハラ）が蔓延しやすい。働く社員の士気は低下するばかり。

パワハラを受けた社員はメンタルに不調を来し、休職に追い込まれ、最悪の場合は自ら命を絶ってしまう。会社は会社で、ハラスメントやメンタルヘルスの対策を何も講じない……。

――これは決して社員が定着することのない、いずれ社会から〝退場〟するかもしれない非常に残念な職場です。

「パワハラ」という言葉が一般化したのは、ここ5～6年のことではないでしょうか。最近は、部下を注意するとすぐに「それはパワハラです！」と言われることに神経質になりすぎて、部下に対して思うように注意や指導ができなくなったという声が多く聞かれます。結果、職場のモラールが低下し、社員がどんどん離職していきます。

こんな職場はヤバイ！

●パワハラに関する相談のあった職場に共通する特徴

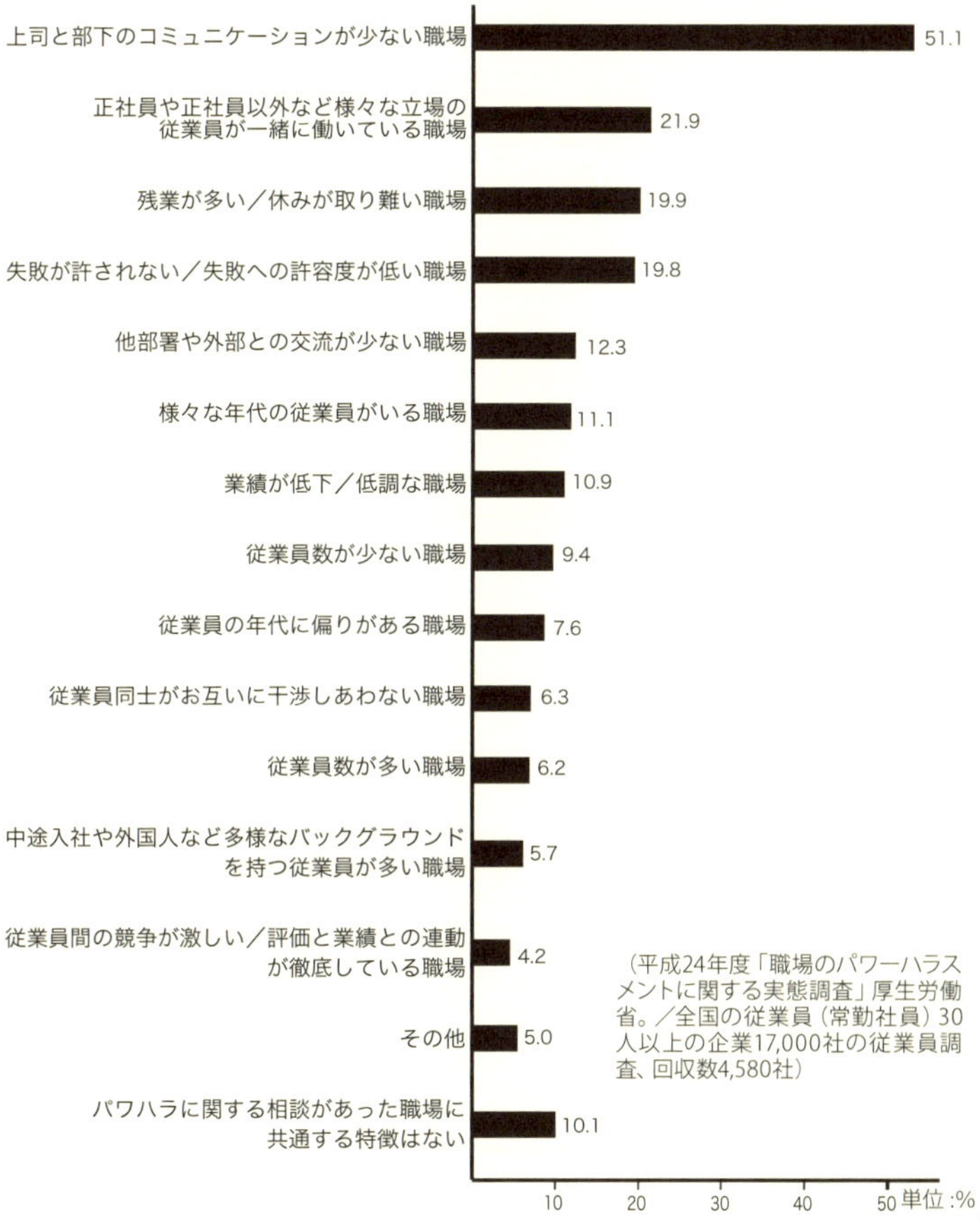

（平成24年度「職場のパワーハラスメントに関する実態調査」厚生労働省。／全国の従業員（常勤社員）30人以上の企業17,000社の従業員調査、回収数4,580社）

◎パワハラに関する労働相談がトップに！

社員が疲弊しきった職場、コミュニケーション不足の職場ではパワハラが当たり前のように起こります。全国の労働局に寄せられ労働相談では、平成24年に「いじめ・嫌がらせ」などのパワハラに関する相談が「解雇」を抜いて初めてトップになって以来、相談件数は年々増えています。

また、厚労省の「職場のパワーハラスメントに関する実態調査報告書」（平成28年度）を見ても、過去3年間に1件以上パワーハラスメントに該当する相談を受けたと回答した企業は36・3％、過去3年間にパワーハラスメントを受けたことがあると回答した従業員は32・5％もいます。

残念な職場を最高の職場に変えるためには、パワハラとは何かを理解して、社内ルールをつくり、防止や予防対策などを講じていく必要があります。

パワハラが起こると職場はどう変わる？

パワハラを受けた人に与える影響

- 不眠などで休みがちになる
- 職場でのコミュニケーションが減る
- 働く意欲がわかず、能力を十分発揮できなくなる
- 心身の健康を害し、休職や退職に追い込まれる

企業経営に与える影響

- 社員の退職、人材流出につながる
- 社員の退職により現有社員が疲弊する
- 職場の雰囲気が悪化し、モラールが低下する
- 社員が十分に能力を発揮できなくなる
- 職場の生産性が低下する
- 企業イメージが悪化する
- 訴訟などによる損害賠償など金銭的負担が生じる

↓

パワハラの予防・解決に取り組んでいない企業ほど甚大な影響が出る！

2　パワハラを放置していると社会的責任が問われる

会社には、社員への安全を配慮する義務があります（労働契約法5条）。社員がパワハラなどで精神的な苦痛を受けて休職に追い込まれた、自殺したとなると、安全配慮義務違反に問われ、不法行為として損害賠償責任を負うことになります。

程度や結果によっては、パワハラの行為者は、暴行・傷害・脅迫といった刑法上の処罰対象となることもあります。

会社が安全配慮義務違反等に問われないためには、問題が起こった際、ハラスメントが続かないように防止します。当事者や関係者から事情聴取をおこなうなど迅速な事実調査をおこないます。パワハラ行為が本当にあったことが確認できたら、再発防止、被害者の精神的ケアなどの措置を講じます。

会社が適切な対応をしないと労災リスクも高まります。ハラスメントが生じないよう事前の防止措置を講じることも重要です。

パワハラに関する裁判例①

先輩によるいじめにより自殺。パワハラ行為者と会社の安全配慮義務違反が問われたケース

【さいたま地裁　平成16年9月24日判決】

【事件概要】

A（男性）は、看護師資格の取得を目指し看護専門学校に通学しながら准看護師としてX病院に勤務していた。先輩の准看護師Bから学校の試験前に朝まで飲み会へ付き合わされたり、Bの肩もみや家の掃除、車の洗車などの個人的用務の使い走りをさせられ、事あるごとに「死ねよ」と告げたり、「殺す」などといった暴言等のいじめを受け、自殺した。

【判決内容】

先輩BのAに対するいじめを認定し、BにAの遺族に対する損害を賠償する不法行為責任（民法709条）と、勤務先であるX病院に対し、安全配慮義務の債務不履行（民法415条）を認め、BがAの遺族に対し負うべき損害賠償額を1,000万円と命じた。また、X病院に対しても先輩Bと連帯して500万円の損害を賠償するよう命じ、総額1,500万円の損害賠償の支払いを命じた。

判決では、会社が労働者に対して負う安全配慮義務の中に**「職場の上司及び同僚からのいじめ行為を防止して、労働者の生命及び身体を危険から保護する」義務**が含まれる旨、判示した。

パワハラに関する裁判例②

社長による、50代の女性社員への侮蔑・暴言がパワハラ行為と認定されたケース

【長野地裁松本支部　平成29年５月17日判決】

【事件概要】

医療機器販売会社Ｘの代表取締役Ａが平成25年４月に着任後、50代～60代の正社員4人に対し、「50代はもう性格も考え方も変わらないから」「４人の給料で、若い営業員を入れてこき使ったほうがいい」といった侮蔑・暴言などの言動を繰り返した。特に、経理・総務係長だった女性に対しては、「社員の入れ替えは必要だ。50代は転勤願を出せ」などと侮辱する発言を繰り返し、また、別の営業統括事務係長だった女性にも「おばさんたちの井戸端会議じゃないから、議事録をつくれ」「倉庫に行ってもらう」などと発言を繰り返した。４人は平成25年９月までに全員が退職した。

【判決内容】

判決では、「代表は年齢のみで原告らの能力を低くみる発言をした」などとして、４人へのパワハラを認め、４人のうち１人の退職は降格処分やマイナス考課が原因だと認め110万円の慰謝料の支払いを、ほかの3人についても慰謝料として22万円から５万5000円の支払いなど、会社とＡに計357万円余の慰謝料の支払いを命じた。

パワハラ行為になり得る具体的

ケース①

職場の同僚の誰に挨拶をしても無視され、社員旅行参加を拒絶された。

⇒　無視、仲間外しはパワハラに該当

ケース②

先輩から私用の買い物や車の送り迎えを無理強いされた。

⇒　業務に関係のない私用の命令（業務上明らかに不要なことの強制）はパワハラに該当

ケース③

上司が、部下の失敗に対して、「この役立たず、いらないんだよ」と職場のメンバーに聞こえるような大声で叱責し、その後、何度も同様の叱責が続いた。

⇒　暴言を周囲の人にも聞こえるように繰り返しおこなうことはパワハラに該当

ケース④

目標を達成できない社員を長時間正座させ、定規で頭を叩きながら説教をした。

⇒　長時間正座させる、定規で頭を叩くことはパワハラに該当

↓

以上のような行為が日常的に繰り返されると、社会的責任が問われることになる！

3 どこまでが「指導」で、どこからが「パワハラ」なのか？

「妊娠したので今後の勤務のことを相談したいのですが」

ある看護師さんが上司の看護師長に申し出ました。看護師長は彼女にぽつりと言いました。

「産むの？」

暴言とも言える看護師長のこの一言もパワハラと言えるかもしれません。看護師不足で疲弊しきった師長が思わず漏らしてしまったのかもしれませんが、この看護師さんは、後日辞表を出して病院を辞めていきました。

長時間労働などによる職場環境が悪くなると、パワハラなどのハラスメントを引き起こしやすくなります。パワハラとまでいわなくても、猛烈に忙しいときは誰でもイライラします。緊急時や切迫した場面では、大声をあげたり、言葉がきつくなることもあります。
同じ対応をしても、「指導を受けた」と感じる部下もいれば、「パワハラだ」と言い出す部下もいます。パワハラ問題を未然に防ぐためには、まずは「パワハラとはなんぞや」ということを労使ともに理解することが大切です。

◎残念な上司はパワハラに気づかない！

パワハラは法令上明確に定義はされていませんが、厚労省の「職場のいじめ・嫌がらせ問題に関する円卓会議ワーキンググループ報告」（平成24年1月30日）において次のように定義付けをしています。厚生労働省がパワハラ対策のために開設した「あかるい職場応援団」というポータルサイトでも見ることができます。

「職場のパワーハラスメントとは、同じ職場で働く者に対して、職務上の地位や人間関係などの職場内の優位性（上司から部下、先輩から後輩、同僚間、さらには部下から上司に対して様々な優位性を背景におこなわれるものを含む）を背景に、業務の適正な範囲を超えて、精神的・身体的苦痛を与えるまたは職場環境を悪化させる行為を言う」

この定義のポイントは、上司から部下への関係だけでなく、先輩・後輩、同僚間でもパワハラとなり得ることにあります。また、業務上の指導の範囲内であれば、相手がどう受け止めるかにかかわらず、パワハラには該当しないとされています。難しいのは、「業務上の指導の範囲」です。

例えば、「新人の指導をするために個室に呼び、間違った対応を指摘して指導した」というケースは、単に個室に呼び、指導をおこなっただけなので「業務上の適正な範囲」であってパワハラとは言えないとしています。

また、部下の失敗に対して上司が「何やってんだ！」と叱るだけなら指導の範疇でしょうが、さらに加えて、「だからおまえとは仕事をしたくないんだ！」「噂どおり役立たずだな！」「仕事しなくていいから帰って寝てろ！」といった言動が日常的に繰り返されると、パワハラ行為となり得るとされています。

パワハラを指摘された場合、それがパワハラなのかどうか、上司や人事総務担当者と一緒に冷静に判断する必要があります。問題ないと感じても実は大きな問題発言を繰り返していたということもあります。逆に、自分は心配していたが相手はそれほど気に留めていなかったということもあります。

パワーハラスメントの6つの行為類型

行為類型	具体的行為	事　例
① 身体的な攻撃	暴行・傷害	・叩く、殴る、蹴るなどの暴行を受ける ・丸めたポスターで頭を叩く
② 精神的な攻撃	脅迫・名誉毀損・侮蔑・ひどい暴言	・同僚の目の前で叱責される ・他の職員を宛先に含めてメールで罵倒される ・必要以上に長時間にわたり繰り返し必要に叱る
③ 人間関係からの切り離し	隔離・仲間外し・無視	・１人だけ別室に席を移される ・強制的に自宅待機を命じられる ・送別会に出席させない
④ 過大な要求	業務上明らかに不要なことや遂行不可能なことの強制、仕事の妨害	・新人で仕事のやり方もわからないのに、他の人の仕事まで押しつけられて、同僚は、皆先に帰ってしまった
⑤ 過小な要求	業務上の合理性がなく、能力や経験とかけ離れた程度の低い仕事を命じる、仕事を与えない	・運転手なのに営業所の草むしりだけを命じられる ・事務職なのに倉庫業務だけを命じられる
⑥ 個の侵害	私的なことに過度に立ち入る	・交際相手について執拗に問われる ・妻に対する悪口を言われる

4　パワハラ防止には定期的な管理職研修など「予防」が大切

パワハラなどのハラスメントには、行為者が社長や役員であったり、事実調査をするのが困難なケースであったり、解決に向けた対応ができないような困難な事案があります。

例えば、こんな事例があります。

◇ケース1（介護施設）

ヘルパーの職員から、上司によるパワハラの訴えが事務長のもとにありました。本人は解決を望んでいるのですが、事務長に相談したことをパワハラの行為者である上司には知られたくないと言います。

当事者にも確認しなければ事実確認ができないし、解決策に苦慮している状況です。

◇ケース2（病院）

ある診療科の医師のパワハラが院内で問題になっていました。この医師のパワハラを理由に看護師が何人も辞めていきました。

事務長はトップである院長にも相談しましたが、「気持ちはわかるが、彼がいないと診療科が維持できない」と言われ、改善策が見出せないという状況です。

職場でいったんパワハラが起こってしまうと、事案によっては解決困難なケースが多々あります。

行為者が経営者や役員の場合はなおさらです。実際、外部の専門家や専門機関に頼らざるを得ないケースもあります。

こうした場合、重要なのは再発防止策を講じることです。

就業規則等に関係規定を定めておき、「パワハラは絶対に認めない」ことを明文化し、職場内に周知徹底します。

厚労省のアンケート調査でも、パワハラ対策で最も効果のあった取り組みとして「管理職を対象に講演や研修会を実施した」ことが最多でした。

◎パワハラ対策として取り組むべき社内プロセス

予防策

①トップがメッセージを発信する

経営トップが、職場のパワハラ撲滅を宣言する。「パワハラは許さない」ことを宣言し、社内の空気を変える。トップが動かないと社内のパワハラ問題も解決に向けて動きません。

②防止措置等のルールを決める

就業規則に関係規定を設ける。予防・解決についての方針やガイドラインを作成する。

③実態を確認・把握する

重要なのは従業員アンケートを実施することです。

④従業員教育をおこなう

定期的に研修を実施することが重要です。特に管理職に対するパワハラの防止に関する研修を徹底的におこなうことです。研修終了後に「パワハラをしません」という内容の誓約書を出席者に提出させる会社も実際にあります。

⑤社内に周知する

組織の方針や取り組みについて周知・啓発を実施する。

解決策

⑥相談や解決の場（相談窓口）を設ける

社内・外に相談窓口を設置する、職場の対応責任者を決める。設置するだけでなくちゃんと相談窓口を機能させること。

⑦再発防止のための取り組み

行為者に対する再発防止研修等をおこなう。基本方針の再確認と防止体制の見直し、前記①～⑤を実施する。

5　職場のパワハラ防止の〝相談窓口〟を機能させるポイント

パワハラの予防・解決に向けた取り組みとして、**社内に相談窓口を設置**している企業が増えています。厚労省の「職場のパワーハラスメントに関する実態調査報告書」（平成28年度）によると、パワハラの予防・解決に向けた取り組みを実施している企業は52・2％、従業員向け相談窓口を設置している企業は73・4％でした。いずれも企業規模が小さくなると設置比率は相対的に低くなります。

重要なのは、設置するだけでなくちゃんと機能させることです。相談窓口を機能させるポイントを挙げておきます。

①社内に相談窓口があることをアナウンスしたり、相談することによる人事考課上の不利益はないことを社内報や書面掲示、あるいはメールなどで周知徹底することが重要です。

②相談窓口を設置したら、できるだけ初期の段階で気軽に相談できるしくみをつくる。

③会社内部に相談窓口を設置するか、外部相談窓口と連携するケースもある。社員としては「そうは言っても、社内では相談しにくいな……」「報復されないか心配」ということもあって、なかなか相談に踏み切れないケースも多いようです。

会社によっては、社内の相談窓口だけでなく、外部の専門機関と提携して、本人だけでなく、家族も含めて相談対応ができるようにしている企業もあります。

④男女含めた複数の相談担当者を選任する。相談窓口担当者が事実確認まで実施する場合は、相談者の心情に配慮しながら、相談者の主張と事実関係を整理し、中立・公平な立場で事実関係を整理する力量が必要です。

⑤相談窓口を設置するだけでなく、従業員が安心して相談できるようにする。相談者のプライバシーが確保できる相談窓口とすることが重要です。

6 社員アンケートは「見える化」してこそ効果がある

パワハラの実態を把握する。社員の声を聴くこと。そのためのアンケート調査を定期的におこなって問題や課題を発見する必要があります。

ただし、アンケートの結果を活用しなければ意味がありません。アンケートを収集して何も行動を起こさなければ「言ってもムダ」と、社員は二度と声を発してくれません。

また、アンケート結果を「見える化」(職員に開示・公表)することも重要です。会社にとって耳の痛い内容であっても、働きやすい職場環境づくりのためには必要なことです。潜在的な問題を顕在化させ、それに対して組織としてどう取り組むかという点は、職員も関心のあるところです。

ただし、特定の個人を批判する内容まで公表してはダメです。そんなことをすれば人間関係が悪化するだけでなく、誰も管理職になりたいと思わなくなるでしょう。

パワーハラスメントに関する社員アンケート調査

【性別】　・男性　・女性	【雇用形態】　・正社員　・正社員以外

【年齢】　１０代　・２０代　・３０代　・４０代　・５０代　・６０代以上

●最近１年間に社内で次のような言動・行為がありましたか？

1. 叩かれたり、ものを投げつけられた	[・ある　・ない　・見聞きした]
2. 人格否定や差別的な言葉で叱責された	[・ある　・ない　・見聞きした]
3. 性格や容貌などをからかわれ非難された	[・ある　・ない　・見聞きした]
4. 悪質な悪口や陰口を言われた	[・ある　・ない　・見聞きした]
5. 挨拶や話しかけても無視された	[・ある　・ない　・見聞きした]
6. 必要な情報を与えない、会議から外された	[・ある　・ない　・見聞きした]
7. 休暇取得を拒否された	[・ある　・ない　・見聞きした]
8. 残業や休日出勤を強制された	[・ある　・ない　・見聞きした]
9. 遂行不可能な業務を指示・命令された	[・ある　・ない　・見聞きした]
10. 私生活について過度に介入された	[・ある　・ない　・見聞きした]
11. 飲み会などへの参加を強制された	[・ある　・ない　・見聞きした]

●その行為者は誰ですか。（複数回答可）

・上司　・先輩　・同僚　・部下　・その他（　　　　　　　　）

●社内の職場環境について、当てはまると思うことはありますか？（複数回答可）

1. 出退社のときに挨拶をする人がほとんどいない
2. トップや管理職は職場にはパワハラは存在しないと考えている
3. 長い時間働いている社員が評価される職場だ
4. 今の職場には失敗やミスが許されない雰囲気がある
5. ノルマが厳しく、目標が達成できないとペナルティが大きい
6. 上司に対して、意見や反論が言えない雰囲気がある
7. 職場内での問題について、職場内で話し合って解決しようという雰囲気がない
8. 職場内で人の陰口や噂話をよく耳にする
9. 正社員とパート、派遣社員などの上下関係が絶対的で、立場を意識した発言が散見される

●パワーハラスメント等についてご自由にお書きください。

フリースペースをできるだけとって、
自由に書いてもらうようにする。

7 きめ細かい面談によるサポートが、職場満足度を高める

パワハラなどハラスメントだけが原因ではないですが、社員のメンタル不調をいち早く察知することが重要です。

最近はストレスチェックという方法もありますが、さまざまな企業、病院、介護施設などを回っている限り、あまり機能しているようには思えません。

セルフケアも大切ですが、やはり上司によるラインケアが重要です。上司による定期的な面談を効果的に実施している職場は、社員のモチベーションを上手に高めているケースが多いように思います。


上司による定期的な面談をおこない、自分がどう成長したいか、上司が自分にどう成長してほしいかを確認し合うことで、長期的な成長ビジョンが明確になり、前向きに仕事に取り組めるようになります。

例えば、若い職員のモチベーションアップのために、「3年後の自分」を表現するキャリアアップ計画を実施している職場があります。

社員に「キャリア計画シート」を作成させます。内容は、専門職としての3年後の自分の姿を記載できるシートを作成させます。さらに、個々のキャリアアップの動議付けに働きかける動画を作成します。その動画を3年後に視聴させますが、過去のキャリアアップ計画に記載された「3年後の私」に前向きな姿を見ることで、職員個々のモチベーションが高まったと言います。

◎ある病院の事例

この病院では、新人職員や中途採用の職員に対して、管理職による定期的な面談を通して職員のメンタルケアをおこなっています。中規模病院で、年間数名しか入らない職員を大切にしています。

面談を通して、いじめなどの問題もある程度察知できると言います。職場のいじめなどは、実際にあっても本人は誰にも言えない場合があります。それに管理職が早めに気づくことが肝心だと言います。

この病院で退職する人の退職理由を調査したところ、次のような理由でした。

「思っていたより業務が忙しい」

「上司や同僚の教え方がバラバラで混乱した」

「看護師長とじっくり話す機会がなかった」（↓看護師長に確認したところ、師長はコミュニケーションは取れていたと感じていたが、本人はそうは感じていなかった）

「相談できる人がいなかった」

「人間関係が嫌になって」

アンケートの結果を見て、「管理職の役割の欠如」と「コミュニケーション不足」が退職の一因になっていることがわかりました。看護師長（いわゆる会社で言う課長級）のコミュニケーション能力が重要であることを痛感しました。そこで、面談による中途採用の職員のサポート体制をとることにしました。

◎サポート体制のフロー

①入職1週間後の師長面談

↓

②入職1か月後の食事会（ランチ）
←
③院長・看護部長による3ヶ月面談（試用期間満了時）
＋
④問題のある人への定期的な面談

①入職1週間後の師長面談

勤務1週間目に面談を実施。また、日々の「声かけ」にも配慮する。本人に「笑顔がないときはとにかく声をかける」ことを徹底する。

転職当初は緊張感とは違う表情の硬さなどが感じられる。こうしたときは、ナースステーションや廊下などで頻繁に声をかけても効果はなく、「5分でも10分でもいいので、休憩室でちゃんと座って話を聴いてあげる」ことを大切にします。

最初の接し方、第一印象が悪いとその人には話さなくなります。そうならないためには「自分のことを気にかけてくれている」と思わせることが大切です。

転職したばかりの職員にとって休憩室はアウェイです。休憩室に入って、みんなと気軽に話せるようになるまで普通の人は1週間から10日ぐらいかかると言います。このアウェイ感を早く乗り越えられるようにサポートしてあげます。

パワハラ相談もそうですが、とにかく「聴く」ことを重視します。先走って根掘り葉掘り聞き出しても本人は答えを出せないことも多いものですが、ちゃんと聴いてあげれば本人自ら一定の結論を見い出すものです。

新人職員も中途採用者と同じパターンで師長による面談をおこないますが、新人の場合は1週間より短いスパンで面談を実施します。

②入職1ヶ月後の食事会

お弁当を食べながら院内で会食をします。いわゆるランチミーティングのような雰囲気ですが、仕事ではありません。本人と、看護師長、看護部長、院長、事務長が出席します。この1ヶ月間の本人の様子を確認する意味もあります。

誰にも話せなかったことがあるのか、相談相手がいなかったのか、感極まって泣く人もいると言います。こういう人に限って続く（定着する）そうです。

同業者の中には、「院長が同席すること自体パワハラのようなもの」と言う人もいます。院長の人柄にもよりますが、どちらが残念な職場なのでしょうか。

③院長・看護部長による3ヶ月面談

試用期間満了時のタイミングで院長、看護部長による面談を実施します。この面談では、1週間面談や1ヶ月面談では聞くことができなかった話も聞けます。「相談できる人はできましたか？」といった人間関係を主に確認します。3ヶ月経っても相談できる人、気軽に話せる人ができない人は続かない人が多いと言います。

④問題のある人への定期的な面談

この面談は新人や中途採用者を対象にしたものではなく、人間関係に問題を抱えているような職員や、患者さんからのクレームが多い職員などに対して定期的におこなっているものです。面談は、医療安全部長と看護部長でおこないます。問いただすのではなく、問題職員の話に耳を傾けることを心がけています。

面談を実施してから、この病院では、職員の離職が大幅に減りました。

坂上 和芳（さかうえ・かずよし）

1965年新潟県生まれ。人事労務コンサルタント・社会保険労務士。

千葉労働局においてコンサルタント・アドバイザーも務める。

現場主義をモットーに、さまざまな企業や職場を訪ね歩き、職場の問題について、労使双方の立場に立ってアドバイスする姿勢を貫いている。現場に寄り添ったコンサルティングに定評がある。

最近は医療機関や介護施設のコンサルティングに注力。千葉県看護協会の諮問委員会である業務改善委員会のメンバーも務め、看護職を中心とした医療機関の業務改善に向けた助言・サポートもおこなっている。

最高《さいこう》の職場《しょくば》をつくる働《はたら》くルール

2017年8月4日　初版発行

著者　坂上和芳
発行者　常塚嘉明
発行所　株式会社 ぱる出版

〒160-0011　東京都新宿区若葉1-9-16
03(3353)2835 — 代表　03(3353)2826 — FAX
03(3353)3679 — 編集
振替　東京 00100-3-131586
印刷・製本　中央精版印刷(株)

ISBN978-4-8272-1076-7　C0034